Les Presses de la Cité, un département de Place des Éditeurs
92, avenue de France – 75013 Paris

QUENTIN PÉRINEL

ILLUSTRATIONS DE JEAN HIN

60 NUANCES de collègues

LE FIGARO

Les Presses de la Cité

La crise sanitaire a-t-elle tué la vie de bureau ? Va-t-elle disparaître ? Jamais de la vie. Malgré nos nouvelles habitudes de travail – à distance, notamment – qui ont été en partie la conséquence de cette crise, les organisations continueront d'avoir une « maison » où les collaborateurs se croiseront. Le grand théâtre de la vie de bureau ne disparaîtra pas. L'être humain a beaucoup trop besoin de ce fameux « lien » qui le relie à son entreprise et à ses collègues. Des collègues qui valent le détour… Des femmes et des hommes avec des personnalités et des caractères tous très différents. C'est ce qui rend ce théâtre de la vie de bureau si passionnant : chaque jour, une nouvelle pièce se joue avec les mêmes acteurs. Certains sont drôles, d'autres sont bavards, lourdingues, incompétents, introvertis… Ce livre est dédié à vos collègues. Et aussi à vous-même, car vous allez à coup sûr vous reconnaître dans un – ou plusieurs ! – profils « types » de la vie de bureau… Évidemment, cette liste de « Caractères » n'est pas exhaustive, mais elle représente bien l'ensemble des individus que chacun est susceptible de croiser au cours de sa vie professionnelle, peu importe l'entreprise, le secteur ou le métier exercé. Car les traits de personnalité et les singularités de l'être humain sont les mêmes partout. Pour le meilleur… et pour le pire !

Quentin Périnel

Le présentéiste

Il est 19 h 47. L'open space est presque vide, les rangs se sont clairsemés mais les plus zélés répondent toujours à l'appel.

Ils n'ont pas dit leur dernier mot ! Certes, ils ont fini de bosser depuis 17 h 21 mais ils tiennent à être « celui qui part le dernier du bureau ». Le roi du présentéisme. Le *CPO*, le *Chief Presenteism Officer*. Dans certaines boîtes, le présentéisme est érigé – officieusement, évidemment – en culture d'entreprise et fait l'objet d'un vrai concours interne. Autour de nous, nous avons tous un collègue dans ce genre. On n'a pas le souvenir d'avoir réussi, un jour, à arriver avant lui et à quitter le bureau après lui. Sauf, peut-être, lorsqu'il prend ses vacances. Et encore… Le présentéiste essaie de dissimuler qu'il est en congé mais tout finit toujours par se savoir ! Le présentéiste a plusieurs techniques bien rodées pour faire croire qu'il est encore au bureau alors qu'il n'y est plus. Le stratagème classique : la veste ou le pull négligemment abandonné sur le dossier de la chaise fait plutôt bien illusion. Mais il faut veiller à ce que le vêtement abandonné change de temps à autre. Autre astuce : la lampe qui reste allumée de jour comme de nuit, si j'en crois trois lecteurs qui m'ont signalé ce subterfuge… Une lampe allumée 24/7, ce n'est pas très écolo. Le présentéisme ne se montre pas toujours soucieux de lutter contre le réchauffement climatique ! Même absent du bureau, le présentéiste n'est jamais loin de son compte Outlook, sur lequel il s'est bien gardé d'enregistrer un message d'absence. Un tel message trahit les plus faibles d'entre nous qui souhaitent déconnecter. Le présentéiste répond fréquemment à ses e-mails après 22 heures, avec enthousiasme et force propositions. À un certain degré, avec une très – trop ? – forte implication, il se transforme alors en *workaholic*, en drogué du boulot, ce qui est un autre cliché. Mais ne nous laissons pas abuser : tous les présentéistes ne sont pas d'énormes bosseurs : au contraire ! Dans de nombreux cas, il s'agit de sympathiques tire-au-flanc qui tentent de masquer au mieux leur paresse et leur manque d'implication.

L'écolo

Cela fait déjà quelques années que l'expression « avoir la main verte », poussant les clôtures de son champ sémantique, est sortie de son pré carré : le jardin et le potager. En ville, il suffit de faire pousser du basilic sur son balcon pour avoir la main verte. Dans l'entreprise, il convient d'avoir une plante sur son bureau pour lui donner une touche naturelle ! Et Dieu sait que l'écolo du bureau ne se contente pas d'avoir la main verte. Ses convictions sont nombreuses : consommation, climat, transition énergétique, alimentation, vêtements, mobilité… Il veut changer le monde. Le collègue écolo est, par essence, un directeur de RSE : il en maîtrise tous les codes, les éléments de langage et il en a la dynamique ! Au bureau, on le reconnaît sans peine : il s'en va remplir sa gourde éco-responsable à la fontaine à eau. Au déjeuner, jamais vous ne le verrez devant un bon steak : il se nourrit de salades composées agrémentées de graines aux

noms aussi complexes qu'exotiques. Avant la première gorgée de vin, il s'assure que Bacchus a bien cultivé ses ceps dans la plus pure pratique biodynamique. Le soir, lorsqu'il quitte le bureau, il s'assure que son ordinateur et sa lampe sont bien éteints. Il ne prend pas l'ascenseur mais l'escalier. Il n'a pas de voiture mais s'en va à pied ou à bicyclette, électrique tout de même. Le collègue écolo n'est pas un mauvais bougre mais son intransigeance agace parfois ! La main verte, c'est sacré. Ne vous avisez pas de vous présenter devant un gobelet en plastique à la main ou de jeter des papiers dans une autre poubelle que la jaune. S'il vous croise près de l'imprimante, il vous rappellera le nombre d'arbres abattus pour ce gros rapport que débite la machine… Son sujet sensible du moment ? L'avion. Avant d'évoquer avec lui un projet de week-end ou de vacances, pensez bien à calculer votre empreinte carbone et à prévoir des compensations !

Le petit chef

Chacun connaît l'adage : « On lui donne le doigt, il vous prend le bras. » Bien. Il existe un personnage de l'entreprise qui l'applique à la lettre. Quoique avec lui, c'est encore pire : vous donnez un ongle, un souffle, et il vous mange tout cru. C'est un spécimen qui résiste encore et toujours aux nouvelles méthodes de management : le petit chef ne vous laisse aucune possibilité, aucune marge de

manœuvre, ou capacité d'autonomie. Et vous accorde zéro confiance, évidemment : si vous avez le malheur de ne pas le mettre en copie d'un e-mail, vous provoquez une crise diplomatique. Si vous prenez un café avec un collègue ou n'importe quel contact et qu'il n'est pas au courant, vous pouvez dire adieu à votre variable. S'il le pouvait, le petit chef activerait des notifications directement reliées à votre boite mail, glisserait un tracker dans la poche de votre doudoune sans manches ou se dissimulerait sous votre fauteuil de bureau pour être certain que vous ne quittez pas l'open space avant 18 h 30. Dans un monde idéal, l'antivol de votre ordinateur portable serait plutôt autour de votre cheville ! Naturellement, le petit chef est présentéiste : il est le premier arrivé au bureau et le dernier parti. C'est le gardien de l'open space. Dans la mesure où le petit chef se croit dans une cour d'école, ses méthodes sont celles d'un garnement têtu. Face à lui, vous n'aurez jamais raison ! Vous jugez que vos arguments sont bons ? Les siens sont meilleurs. Vous essayez de faire une blague ? C'est peine perdue : il n'a pas d'humour. Précisons tout de même que le petit chef n'est pas fondamentalement méchant. Le plus souvent, il a simplement un manque cruel de confiance en lui qui engendre ce comportement… Un jour, les petits chefs deviendront grands ! Mais pas demain. Demain, il y a réunion. Dans leur besoin de tout contrôler en permanence, ils pourraient passer leur vie en réunion. Voici un challenge de taille pour tous ceux d'entre vous qui ont un manager afin de tester sa compatibilité avec le syndrome du petit chef : tentez de négocier un jour de télétravail ! Vous avez une semaine.

Le susceptible

Quel détonant défaut que la susceptibilité ! L'historien Max Gallo disait que *« l'une de nos caractéristiques nationales est l'extrême susceptibilité aux inégalités ».* Si nous transposons ce constat à l'open space, il se vérifie tout autant : inégalités salariales, avantages matériels, rythme et quantité de travail des uns et des autres… La moquette de l'open space a beau être épaisse, voire onctueuse, on y marche sur des œufs. En psychologie, la susceptibilité est un trait de personnalité universel très partagé. Certains collègues, à peine effleurés, se contractent comme des huîtres. Ils n'acceptent pas la moindre critique, quelle qu'elle soit. Un très léger reproche sur leur travail ? Ils ne vous parleront plus de la journée. Une blague sur leur nouvelle chemise ou leur

coupe de cheveux de printemps ? Vous ne les entendrez plus de la semaine ! Toutes les occasions sont bonnes pour prendre la mouche. Le collègue susceptible est une valeur sûre de la vie de bureau. Il l'égaie d'ailleurs plus souvent qu'il ne la rend morose : quand il est bien luné, l'intéressé reconnaît lui-même ce travers qui lui colle à la peau depuis la cour de récréation ! Il existe, en revanche, un cas plus complexe : celui du manager qui se vexe comme un pou pour un rien. Moins vous le froissez, plus vos chances de décrocher une jolie prime annuelle augmentent… Cependant, dans une équipe cornaquée par un boss susceptible, on ne marche plus sur des œufs mais sur des braises !

L'hyperstressé

Certains de nos collègues ont le don de se noyer dans un verre d'eau ! Ils barbotent, se débattent, boivent la tasse. Et ils recommencent... C'est le syndrome de l'hyperstressé : ce collègue a l'impression que le sort du monde est entre ses mains dès qu'il passe un coup de fil ou envoie un e-mail. Rater une réunion ou un rendez-vous professionnel – même sans intérêt – est aussi grave, à ses yeux, que de manquer la naissance de son enfant. Dédramatiser ? Impossible pour l'hyperstressé : il se perd dans des questions logistiques, et des détails sans importance lui empoisonnent l'existence. Un collègue hyperstressé, c'est aussi un spectacle dans l'open space. Un spectacle mi-humoristique, mi-pathétique : amusant lorsque l'intéressé nage dans son verre d'eau et provoque quelques éclaboussures. Attristant lorsqu'il se noie au fond du verre et que le stress le fait littéralement sortir de ses gonds. La situation devient alors touchante :

les collègues échangent quelques regards de compassion et s'efforcent de lui venir en aide. « Ce n'est rien, tu sais, ce rendez-vous n'avait aucun intérêt. » « Ça arrive à tout le monde de rater des rendez-vous, tu n'as qu'à accuser Outlook. Il n'y a pas mort d'homme. » « Goûte cette infusion au gingembre, tu vas m'en dire des nouvelles. » L'hyperstressé a une autre particularité : il est inconsolable ! Peu importe vos tentatives pour l'inviter à relativiser, ou les lectures que vous lui recommanderez pour changer les choses. On ne change pas la personnalité d'un être humain – encore moins celle d'un hyperstressé ! – avec le dernier best-seller sur le développement personnel. Il n'existe pas, à ce jour, de recette miracle. Pourtant, il suffirait que l'hyperstressé comprenne cette idée toute simple, qui lui changerait la vie : sauf s'il est médecin ou chirurgien, il ne « sauve pas des vies ». Mais il empoisonne la sienne…

Le malade imaginaire

Molière nous a prévenus : *« Presque tous les hommes meurent de leurs remèdes, et non pas de leurs maladies. »* Cette sentence du *Malade imaginaire* est, évidemment, à relativiser et à nuancer. Dans l'open space, les moindres signaux annonciateurs d'une faiblesse d'un voisin de bureau sont surveillés et interprétés… Une légère toux fait sursauter tout le plateau de bureaux, même s'il est dépeuplé en ces temps de télétravail. Dieu sait que le malade n'est pas toujours celui que l'on croit. Au bureau, les malades se divisent en plusieurs catégories. D'un côté, les éternels abonnés au paquet de mouchoirs en papier et aux petites faiblesses diverses et variées. De l'autre, ceux qui, malgré une toux incessante ou des signes de fatigue évidents, ne veulent rien entendre : ils sont tout à fait aptes à travailler sur place. Ils ne

vont « tout de même pas se laisser abattre » par une petite toux. Enfin, il y a ceux qui – ne feignons pas l'ignorance –, dès le moindre symptôme ou la moindre anémie, en profitent pour rester à la maison ! Statistiquement, il faut d'ailleurs savoir qu'arrêts de travail et qualité de l'ambiance dans une équipe sont liés… Néanmoins, il faut raison garder. Molière nous a accueillis au seuil de cette chronique, Montaigne nous raccompagne. Il vise toujours aussi juste : *« Tu ne meurs pas de ce que tu es malade ; tu meurs de ce que tu es vivant. »* Ce qui ne signifie pas – surtout en ces temps troublés – qu'il faut faire du zèle et rester coûte que coûte au bureau…

Celui qui parle fort

Ce constat n'étonnera personne. L'open space a une grande qualité, qui est aussi son principal défaut : les autres. Certes, ils créent de l'animation, entre le concert permanent de sonneries de téléphone, le fumet du déjeuner qu'on prend devant son écran et le cliquètement des claviers… Certains pianotent avec autant d'entrain que s'ils jouaient un fortissimo de Beethoven ou de Liszt. Surtout, les autres parlent… Ils parlent à leurs collègues, ils parlent au téléphone, ils parlent en visio… Certains champions parlent même seuls ! Mais le plus agaçant, le plus insupportable, c'est celui qui parle fort, très fort, trop fort sans qu'il s'en rende compte. On l'entend beugler de l'autre bout de l'open space. À croire qu'il se prend pour Flaubert dans son gueuloir. Ce collègue est l'inverse du grand timide ou du discret maladif à qui, en réunion, on glisse souvent : « Parle un poil plus fort. On ne t'entend pas, au fond. » Notre grande gueule, elle, ne risque pas de passer inaperçue… Tout l'étage ne perd pas une miette de ses coups de téléphone et de ses états d'âme. De ses rires et de ses coups de sang. De sa vie professionnelle comme de sa vie privée. Évidemment, celui qui parle fort a aussi la langue bien pendue… C'est un grand bavard qui a l'habitude d'en faire des tonnes sans rien épargner à ses voisins, qui n'ont pas d'autre solution que de se river des écouteurs dans les oreilles, voire de coiffer un casque antibruit. Le message est on ne peut plus clair mais notre Stentor ne le reçoit pas forcément 5 sur 5… La grande difficulté avec ce collègue, c'est d'aborder ce sujet épineux… Selon une étude que j'ai scrupuleusement menée sur un panel de 10 personnes qui parlent très fort, 80 % d'entre elles sont très susceptibles. Quand bien même on parvient à aborder le problème, il leur est quasiment impossible de rectifier leur travers. La nature humaine est ainsi faite. Une seule solution : les collègues qui parlent trop fort devraient avoir leur bureau personnel, bien capitonné. Si vous avez la malchance de partager votre open space avec l'un d'entre eux, courage… Comme dans un immeuble, on choisit son appartement mais pas ses voisins !

Le requin

Ce texte est certes un portrait mais c'est aussi une mise en garde : le requin de l'open space est un collègue dangereux. Ses dents sont acérées et sa gueule grande ouverte. Il est impitoyable et tuerait père et mère pour réussir. Sa définition de la réussite est d'ailleurs très simple : tout écraser sur son passage – y compris vous – pour rafler le plus grand nombre de récompenses et d'éloges… Le requin est un ambitieux : il fréquente les gens de pouvoir. Il arrive pourtant que des inconscients lui fassent confiance… Erreur fatale : dès qu'il le pourra, notre squale vous détruira pour prendre votre place. Sans compassion ni états d'âme. Faire confiance à un requin, c'est prendre le risque de tomber de très haut… Comment reconnaître un requin ? Déjà, il ne faut pas sous-estimer la personne. Homme ou femme. Le physique et l'âge n'ont pas d'importance. Le dangereux animal n'est pas forcément chef ou dans des strates élevées de la hiérarchie : parfois, les jeunes requins sont plus féroces que

les vieux... Ensuite, l'observer sous toutes les coutures : a-t-il le sourire facile ? L'envie de converser de façon informelle, juste pour le plaisir ? S'intéresse-t-il aux autres ? Montre-t-il de l'empathie pour ses congénères ? Change-t-il de visage et de comportement au contact des puissants ? Le requin, évidemment, est un mauvais compagnon de jeu dans l'open space. Lorsqu'il parle à quelqu'un, c'est uniquement par intérêt. Si vous le voyez à un pot d'entreprise ou participer à n'importe quel moment de partage, c'est qu'il a un bénéfice à en tirer... Dès que vous l'avez identifié, tenez-vous à bonne distance. Surtout, faites en sorte qu'il en sache le moins possible sur vous. Car s'il décide un jour de vous nuire, avec lui, la moindre casserole peut faire un bruit assourdissant...

Le paranoïaque

La paranoïa n'est pas un mal qui se révèle dans l'entreprise et au contact de ses collègues. Si, dès l'école primaire ou le collège, vous aviez l'impression que les autres vous regardaient sans cesse, parlaient de vous et cherchaient à vous nuire, il est fort probable que votre regard sur vos collègues d'open space soit peu ou prou le même que celui que vous aviez sur vos camarades de classe ! Une messe basse entre une poignée de personnes dont vous ne faites pas partie ? C'est forcément de vous qu'il est question. Une réunion à laquelle vous n'êtes pas convié ? C'est évidemment parce qu'il sera question de vous – et pas en bien – lors de ce conciliabule ! *« Même les paranoïaques ont des ennemis. C'est vrai, mais les paranoïaques schizophrènes en ont deux fois plus »*, écrit Hervé Le Tellier dans *Guerre et plaies*. *« Une légère paranoïa ne peut pas faire de mal pour se protéger*

de ses ennemis », expliquait Jacques Attali dans un entretien au *Figaro*. Statistiquement, les paranoïaques ont plus de chances d'avoir un coup d'avance sur les plus naïfs, même si la paranoïa est toujours démesurée… Mais, en agissant ainsi, on accroît ipso facto ses chances de se tenir éloigné des individus les plus toxiques et des mauvais coups des uns et des autres. C'est un paradoxe risible : la paranoïa permet de tout savoir et d'avoir force convictions. Mais si les choses se révèlent fausses, alors… Le collègue parano est-il aimé ou détesté de ses camarades (d'open space, cette fois !) ? Ni l'un ni l'autre. Quand sa faille est trop disproportionnée, l'aspect risible – voire attachant – de cette facette de sa personnalité bascule du côté obscur : dans le ridicule et le pathétique. À l'inverse, un zeste de paranoïa peut être un atout pour aider les autres et soi-même à deviner à quelle sauce l'on va potentiellement être mangé…

Le casqué

Qui peut encore se targuer de travailler sans casque ou sans écouteurs au bureau ? L'open space a engendré une présence massive de collègues casqués. Rares sont ceux qui ont les oreilles alertes. A fortiori depuis que le téléphone fixe est remplacé par des applications installées sur ordinateur et qui, pour fonctionner, nécessitent… un casque. Aujourd'hui, ne pas avoir de casque au bureau traduit deux possibilités : soit vous êtes un membre du top management et vous avez votre bureau et une vraie porte que vous pouvez fermer pour avoir la paix, soit vous êtes un amoureux transi de l'open space et de son incessant brouhaha… L'objet est tout de même générationnel : il est davantage porté par la génération Y que par les profils plus expérimentés. Ce qui peut générer des tensions : comment parler à quelqu'un qui porte un casque à longueur de journée ? Comment attirer son attention à coup sûr ? Réponse : en lui écrivant un e-mail ou un message sur Microsoft Teams ! Une dérive moderne de

la vie de bureau... Le casque au bureau a finalement le même objectif que n'importe quel casque : se protéger. Au bureau, plus le collègue casqué choisit un modèle épais, plus il optimise ses chances d'avoir la paix et de n'être dérangé par personne. Selon une étude, que j'ai personnellement et méticuleusement menée durant ces cinq dernières années, 70 % de mes collègues casqués n'écoutent strictement rien : ni musique, ni podcast, ni quoi que ce soit ! Au bureau, le casque audio est un attribut pour signifier qu'on ne veut pas être dérangé... C'est pourquoi certains de nos collègues – ils sont encore rares – préfèrent annoncer clairement la couleur : ils portent ostentatoirement un casque de chantier. Traduction : si vous osez les troubler dans leur bulle, il vous faut une bonne raison...

Le scolaire

De l'école à la vie de bureau, il n'y a qu'un pas. Et change-t-on vraiment au fil des ans ? Vous souvenez-vous de ce camarade toujours au premier rang ? Et qui notait scrupuleusement ce que disait le professeur ? Ce camarade, c'est ce collègue qui, aujourd'hui, boit littéralement chaque intervention en réunion. Il noircit son carnet de notes, avec la crainte de louper une ou deux phrases... Il relève la tête si on lui pose une question. Il replongera aussitôt le nez dans son carnet, assuré d'y trouver la réponse détaillée qu'il aura notée lors d'une précédente réunion. Ce bon élève qui refusait de prêter ses notes à ses camarades est aujourd'hui celui qui les garde pour lui ! C'est fort dommage : il fait pourtant des comptes rendus absolument impeccables. En réunion, il n'oublie pas les bonnes manières puisqu'il est du genre à lever la main pour demander à intervenir. En visio, c'est le seul participant qui a la coquetterie d'utiliser le bouton dédié à la prise de parole ! Reconnaître ce bon élève au bureau ? C'est un jeu d'enfant : il est obnubilé par le Post-it. Sur son bureau, il accumule ces petites piles de papier autocollant, de toutes les couleurs, qu'il glisse partout. Sur son écran, dans ses cahiers… Le surligneur est son outil de travail préféré. En réunion, il est ponctuel. Jamais il n'outrepasse une deadline. Au contraire : il rend son travail en avance, attendant qu'on lui soumette des critiques afin de l'améliorer… Enfin, le scolaire a la passion de l'anticipation : il a posé ses vacances d'été dès février, quand les autres se sont à peine posé la question.

Le fayot

« Et maintenant, Blaze, flattez-moi. » Cette phrase culte tirée de *La Folie des grandeurs* illustre parfaitement un sport national en France, qui va d'ailleurs bien au-delà des frontières de l'entreprise ou du monde du travail : la flatterie. Qui, dans sa propre famille, n'a jamais identifié un fayot de service ? Qui, dans son propre service, n'a jamais repéré un parfait fayot ? C'est un rôdeur d'open space, toujours prêt à surgir au détour d'un couloir – souvent celui de la direction – à l'imprimante ou à la photocopieuse, et à distiller quelques bons mots, agrémentés d'un sourire mielleusement parfait. En réunion, sa girouette est prête à prendre la direction du vent dans laquelle souffleront les puissants. Si flatter ne vous est pas naturel et que vous êtes convaincu que vous pourrez « monter » sans flatter, détrompez-vous. Il faudra vous forcer ! Car les courtisans ont le vent en poupe depuis longtemps… Le puissant fascine et il continuera à fasciner. Les grands dirigeants ont toujours été

louangés. C'est ainsi : peu importe l'organisation dans laquelle on se trouve, là où il y a du pouvoir, on veut toujours plaire à la personne qui est au-dessus de nous. Erik Orsenna relate dans son livre *La Fontaine, une école buissonnière* une anecdote de vile flatterie, osée par un convive lors d'un déjeuner avec le président François Mitterrand : *« Monsieur le président, j'ai profité de mon dimanche pour relire notre Histoire. Depuis Louis XI, Louis XIV et Napoléon, personne n'avait comme vous gouverné la France. »* Rires garantis. Parfois, en public, la flagornerie est si grossière, si vulgaire, que chacun se dit : « Cela ne va quand même pas marcher, ce n'est pas possible ? » Eh si ! Cela marche toujours, n'en déplaise à ceux qui – c'est à la mode – disent « haïr » les flagorneurs et y être insensibles. C'est plus fort que nous. L'heure de l'entretien annuel approchant, profitez-en pour dire à votre manager à quel point il est le meilleur que vous ayez jamais eu de votre carrière. Et à quel point il est pour vous un guide spirituel et un monument d'inspiration. Votre Gandhi corporate. N'en faites pas trop, quand même…

Le Melon !

Ce cliché de la vie de bureau vaut bien son « M » majuscule, tant il prend de la place dans le monde du travail. Et ailleurs. Qui sont exactement les « melons » les plus fâcheux ? Ceux qui nous dérangent le plus ? Assurément pas les patrons, les stars, les intellos, les entrepreneurs et tous ces *happy few*. Ils prennent tellement la lumière que c'est inévitable : ils finissent par avoir le melon. Le plus souvent, on pardonne donc à Alain Melon et aux autres. Non, les melons les plus redoutables sont ceux de notre quotidien. Nos collègues et nos amis qui ont laissé leur humilité au vestiaire, pour une raison X ou Y, après un « déclic ». Ceux qui, facilement grisés par les petites victoires de la vie, s'envolent sur une autre planète ! S'il y a trop de melons au bureau, l'open space se transforme en « serre à melons », une expression éloquente plébiscitée par une amie qui a affaire à des « profils difficiles ». Une appellation plus policée pour désigner ces personnes de notre entourage professionnel – à la maison, c'est encore autre chose – dont le nombrilisme les laisse penser que le monde s'arrêterait de tourner sans eux ! Bribes de conversation entendues dans un contexte privé : « Il a chopé le melon depuis sa promotion. Alain Delon est un type humble, en comparaison. Je me demande comment sa tête entre encore dans l'ascenseur. » Monsieur ou Madame Melon au bureau peut également prendre de la place à la maison... De la même manière qu'un tic de langage ou un geste, le melon peut s'acquérir de façon inconsciente ! Tous nos amis ou collègues ne savent pas forcément qu'ils ont le melon. Attraper une « melonite inconsciente » ne veut pas forcément dire qu'on est un individu odieux... Il faut simplement prendre garde à ce que cela ne dure pas trop longtemps... Chers lecteurs, et s'il était temps, enfin, de « dégonfler » ces gigantesques melons qui nous entourent ? Il serait peut-être plus approprié d'attendre la bonne saison. Mais chacun le sait, « y a plus de saisons ». Et au lieu d'attendre d'avoir des melons bien mûrs, autant prendre les devants afin qu'ils ne fassent pas trop de dégâts...

Réunion-man

« J'peux pas, j'ai réunion. » Les salariés, particulièrement les cadres, passent un temps abyssal en réunion. Selon des études scientifiques plus ou moins fiables, le temps passé en réunion de certains profils peut atteindre plusieurs décennies sur l'ensemble d'une carrière. À chaque open space ses professionnels de la réunion. Prenez le temps d'essayer d'estimer le nombre de réunions qui se déroulent chaque jour dans votre boîte. À part si vous êtes dans un grand groupe : vous risqueriez de vous évanouir ! Et sur ces centaines de milliers de réunions, combien, exactement, ont une réelle utilité ? Des décisions significatives et utiles sont-elles prises dans chaque réunion ? Combien d'entre elles n'ont pour but que de rassurer ses organisateurs et ses participants, en créant une illusion d'échanges, de discussions et de travail ? Dans une grande majorité de cas, une réunion ne sert en vérité qu'à planifier la suivante ! Il serait débile de proclamer que la réunion ne sert à rien et qu'il faut la supprimer des entreprises. Oui, il y a des réunions dynamiques, utiles, avec les bonnes personnes autour de la table, qui ne s'éternisent pas, et desquelles l'on ressort stimulé. En revanche, le côté « concours » qui règne dans les entreprises existe aussi. Et ce sentiment absurde que, plus l'on participe aux réunions,

plus l'on est quelqu'un d'important ! Selon une étude franco-française intuitive basée sur « l'humain » et réalisée par mes soins auprès d'amis, de relations professionnelles, et de vos propres témoignages par e-mail, il existe encore, au sein des organisations, cette tendance à penser que « les gens qui comptent » sont aussi ceux qui participent à treize réunions par jour... Dans un monde idéal, il faudrait arrêter de considérer qu'aller en réunion est un métier. C'est vrai, dans une certaine mesure : les membres du top management participent à des réunions dans la mesure où ils sont décisionnaires. Leur présence a un sens car ils sont directement concernés par les choix stratégiques. En revanche, il serait de bon ton que « Messieurs et Mesdames Réunion », qui sont uniquement présents pour se montrer – sans savoir réellement pourquoi – et qui n'interviennent jamais, réfléchissent à des activités plus utiles et plus épanouissantes. Le nombre de personnes présentes en réunion se réduirait ainsi comme peau de chagrin. Et peut-être que, par effet de levier « corporate », le nombre de réunions baisserait pour ne conserver que les plus utiles...

L'ambianceur

De la maternelle à la fin de vos études supérieures, de la cour d'école primaire à vos soirées étudiantes, il y avait au moins un camarade similaire, d'année en année : l'ambianceur ou ambianceuse. Populaire, drôle et « inspirant », bien avant que ce mot ne devienne à la mode. Pour résumer, cet ambianceur était le camarade idoine, que chacun voulait avoir avec soi ! Être assis à côté de lui en classe était un gonfleur d'ego, une marque de réussite bien plus importante qu'une bonne note en DS de mathématiques. Quelques années plus tard, au bureau, les choses n'ont guère changé dans l'open space : là aussi, des ambianceurs se démarquent. Leur humour est contagieux et donne le sourire à leurs collègues. Plutôt « grande gueule », ce sont de fidèles compagnons d'afterwork ! Souvent, les ambianceurs de la cour d'école deviennent les ambianceurs de la pause-café au bureau. Le profil de l'ambianceur peut aussi devenir un leader, quand ses performances au travail sont aussi éloquentes que ses blagues… Si les blagues de l'ambianceur sont trop potaches, si son rôle devient celui d'un bouffon, troubadour d'open space davantage exaspérant qu'inspirant, les limites de l'ambianceur sont atteintes : le sommet de son crâne heurte ainsi son plafond de verre. À l'inverse, lorsqu'il existe une alchimie parfaite entre humour, blagues, afterwork et performance au travail, il n'est pas rare que l'ambianceur devienne DG, ou atteigne des postes élevés. Combien de fondateurs de start-up sont également les ambianceurs de leur boîte ? Et vous, avez-vous des ambianceurs d'open space ? Quels postes occupent-ils ? Évidemment, certains milieux ou secteurs professionnels sont plus « propices » à l'épanouissement des ambianceurs… Nul jugement, évidemment, à l'endroit de vos métiers, ni de vos employeurs. Mais peut-être a-t-on davantage de chances de trouver des ambianceurs dans des équipes de commerciaux ou dans des agences de publicité plutôt que dans une étude de notaires ou une équipe d'informaticiens ?!

Le G.O. ou gentil organisateur

Nul besoin de partir en voyage aux Maldives ni à Punta Cana – ou n'importe quelle contrée lointaine saturée d'eau turquoise et de soleil – pour apercevoir des G.O., ces « Gentils Organisateurs » pleins de ressources dont l'objectif est de créer du lien, de la vie, et des activités entre des individus qui partagent le même espace ! D'un village du Club Med – puisque c'est à la société de voyages française que l'on doit ce terme de G.O. – aux bureaux d'une entreprise, il n'y a qu'un pas. Même si, évidemment, la moquette plus ou moins épaisse remplace le sable fin… Le G.O., lui, a exactement le même rôle, que ce soit au Brésil ou en plein VIIIe arrondissement de Paris. Sauf que dans le second cas, il accomplit ses tâches *pro bono*, à moins qu'il n'occupe le poste de *Chief Happiness Officer*. Si vous n'êtes pas celui qui organise les cagnottes Leetchi, les afterworks entre collègues, ou les petites sauteries surprise, il faut bien que quelqu'un le fasse ! Or, force est de constater que ce quelqu'un, c'est bien souvent la même personne. C'est lui qui est l'initiateur de la boucle

d'e-mails à laquelle vous êtes ajouté, parfois contre votre gré. C'est lui qui, sur Slack ou n'importe quelle messagerie interne – Dieu sait qu'il en existe beaucoup –, initie un pot improvisé après la journée de boulot. C'est lui encore qui est « force de proposition » pour trouver une idée de cadeau à un collègue sur le départ. Si toutes les entreprises étaient peuplées de G.O., on retrouverait sans cesse les équipes au bistrot, et les démissionnaires couverts de cadeaux. Toute cette organisation et ces initiatives prennent énormément de temps. Et pourtant, la rémunération variable du G.O. n'est pas indexée sur le nombre d'événements organisés. Il fait cela par générosité, de la même manière que l'on prépare un bon repas entre copains. Le Gentil Organisateur, comme l'indique son titre non officiel, est une belle personne. Un collègue plein de gentillesse, un amoureux ou une amoureuse de la vie de bureau ! Si, à travers ces lignes, vous avez reconnu votre G.O. bénévole, renversez la tendance. Organisez-lui un pot. Ce texte est idoine pour débuter une chaîne d'e-mails !

Le gros lourd

C'est une personnalité essentielle du monde du travail. Une mascotte partout présente, dans les PME, les ETI, les grands groupes, les jeunes pousses, les administrations... C'est le « gros lourd ». L'expression n'est ni très élégante ni très poétique. Elle est, au moins, très expressive. Chacun comprend de qui on parle ! Le gros lourd est un dérivé de l'ambianceur. Il vaque dans l'open space, sa besace remplie de blagues au mieux potaches, au pire vulgaires. C'est une curieuse personnalité hybride de Jeff Tuche, Patrick Chirac et du Beauf de Cabu. Il est la seule personne qu'on entend arriver de loin lorsqu'il déclame ses grosses blagues dans les couloirs. Une fois dans l'open space, impossible de lui échapper. Il impose un vrai monopole sonore avec sa voix tonitruante, peu mélodieuse et si reconnaissable, et son rire très communicatif. Pour ce qui est du propos, Jean-Claude Convenant (incarné par Yvan Le Bolloc'h dans la série culte *Caméra Café*) est une référence. Exemple frappant, extrait d'un épisode de ladite série. À la machine à café, une salariée explique à son collègue J.-C. Convenant qu'elle s'essaie à l'écriture de haïkus, ces courts poèmes japonais. Naturellement, il ignore ce que c'est. Elle lui en récite un : « La lune, là-haut, dehors, seule. Fleuve, en bas, triste, il pleut. » « C'est beau hein ? », demande-t-elle. Réponse du tac au tac : « Hein, mais il n'y a pas de cul là-dedans ! » Pouët ! Pouët ! C'est également la caractéristique essentielle et l'immense talent du gros lourd : peu importent le sujet et le sérieux de la conversation, il n'aura toujours comme réplique qu'une de ces blagues dont il a le secret. Et qui ne font rire que lui.

Le diplomate

La diplomatie est un art de survie essentiel dans l'open space. Une compétence tout aussi utile dans les réunions clés que dans les relations avec les autres : collègues, supérieurs hiérarchiques, personnes des autres services... À quoi reconnaît-on un diplomate d'open space? Il n'a jamais eu de prise de bec avec quiconque. Il ne hausse jamais le ton en public même s'il est pris à partie par un collègue. Avec le diplomate, tout se règle en coulisses. Calme et discrétion. Force tranquille à toute épreuve, même lorsqu'il s'agit de ses propres problèmes, il ne s'épanche pas. Il ne montre jamais ses émotions, ou alors avec une pudeur de gazelle. Et en privé, toujours. En public, on pourrait l'appeler « le Suisse ». Pour voir le diplomate sortir de ses gonds, il faut se lever tôt. Il déteste l'idée de perdre le contrôle de ses nerfs devant tout le monde. La dernière fois qu'il a juré comme un charretier et s'est fâché tout rouge, c'était il y a un mois : il avait acheté par erreur une plaquette de beurre doux au

supermarché. Le diplomate se braque pour des détails absurdes de la vie quotidienne. Pour les choses « importantes » de sa vie professionnelle, il reste stoïque : négociations, discussions stratégiques, prises de décisions… Aucune saute d'humeur. Vous pouvez tester ses nerfs en le traitant de tous les noms d'oiseaux du capitaine Haddock droit dans les yeux, il ne bronchera pas. En cas de crise majeure, sa sagesse et son sens de l'intérêt général sont d'une aide précieuse. Il rassure. Sa garde-robe comporte peu d'extravagances. Il est posé comme l'est un Michel Barnier ou un François Molins. Dans l'open space, un « vrai » diplomate a aussi cette particularité : personne ne le déteste. Il fait en sorte que cela demeure ainsi : ni haï ni adulé, ni rock star ni mouton noir. Il a tous les atouts pour « monter » dans l'organigramme et se lover dans ses plus hautes branches.

Le manager-flic

Le télétravail, qui a chamboulé nos habitudes et notre rythme de travail, n'est pas au goût de tout le monde… Particulièrement pour les managers qui feraient aussi d'excellents sergents ou adjudants de la maréchaussée. Les managers au képi. Comment, en effet, fliquer ses collaborateurs quand ils sont absents ? En télétravail, les managers-flics n'ont que des signaux virtuels assez aléatoires pour surveiller leurs équipes : une réponse à un e-mail, une participation à un groupe WhatsApp, une pastille verte synonyme de présence devant l'ordinateur… Pour le moment, aucune histoire n'a filtré, dans la presse ou sur les réseaux sociaux, de managers qui auraient installé des caméras chez leurs collaborateurs ou glissé un logiciel espion dans leur smartphone pour les localiser. Mais sait-on jamais… Le manager-flic n'est pas nécessairement un sociopathe. Il a simplement très, très, très envie d'être absolument certain que vous n'êtes pas en train de regarder une série Netflix en pyjama alors que lui se tue à la tâche. Il se nourrit de toutes les informations virtuelles – toutes les datas – qu'il a en sa possession pour vous fliquer au mieux. À ce stade, tout dépend de la quantité de données, qu'elles soient professionnelles ou personnelles, que vous avez bien voulu partager avec votre N+1. Si vous avez une vie trépidante sur Instagram ou Facebook et que vous avez eu le malheur – et la faiblesse – de devenir « ami » avec votre boss sur ces mêmes réseaux, vous risquez fort de vous sentir observé… Magnanime envers vous-même, vous envisagez de le bloquer ou de le supprimer ? Grossière erreur : votre manager-flic sera absolument certain que vous profitez du télétravail pour tirer au flanc.

L'introverti

Certains actifs sont des flâneurs de couloir, des amoureux de la machine à café et des déjeuners entre collègues. Nous avons tous des collègues qui ont une sociabilité exacerbée, qui les pousse à aller s'aventurer dans des étages et des open space qui ne sont pas les leurs, simplement par plaisir et curiosité... Pour d'autres, en revanche, c'est l'extrême opposé. Les introvertis du bureau, plus sauvages, n'ont pas pour habitude d'arpenter les couloirs et de prendre l'espace de travail pour un bistrot. Ils passent le plus clair de leur temps discrètement affairés à leur bureau. Ils parlent peu et préfèrent travailler en silence, le casque vissé sur les oreilles. L'introverti est un spécimen discret, rêveur, et... efficace. Il ne fanfaronne pas. Dans une conférence TED intitulée « Le pouvoir des introvertis », la conférencière américaine Susan Cain explique dans quelle mesure les introvertis et les extravertis réagissent différemment à une situation donnée : une situation qui surexcite le système nerveux d'une personne introvertie peut l'amener à se sentir dépassée et épuisée, plutôt

que stimulée et impliquée. « *L'introversion définit davantage la manière dont vous réagissez aux stimuli, y compris aux stimuli sociaux*, explique-t-elle. *Les extravertis les recherchent vraiment, alors que les introvertis sont parfaitement en éveil et au meilleur de leurs capacités dans un environnement plus calme.* » Si vous voulez savoir à quoi ressemble un introverti dans un open space bruyant, imaginez-vous une Cocotte-Minute qui siffle bruyamment ! Évidemment, l'introverti n'est pas non plus féru des activités extraprofessionnelles avec ses collègues. Si vous arrivez à le faire venir à un afterwork ou à un pot d'entreprise, notez-le sur votre agenda. Lui le notera sur le sien. Cela n'arrivera pas bien souvent. Constamment joignable sur son ordinateur ou son smartphone, ce n'est pas pour cela que l'introverti va multiplier les calls, FaceTime, et autres apéros virtuels sur HouseParty ou WhatsApp qui ont fleuri lors des confinements. Virtuellement ou en vrai, l'introverti préfère la solitude.

Le touriste

Il est parfois difficile de trouver et de choisir le terme exact qui correspond à un profil particulier. Ici, le touriste de bureau aurait également pu être qualifié de fumiste, de fainéant, de paresseux, de tire-au-flanc. Mais le terme « touriste » est plus exact, plus affectueux aussi. Même si, pour un manager, avoir une équipe composée de touristes est le pire cauchemar qui soit, il est fréquent de compter au moins un touriste dans une équipe d'environ 10 personnes, selon une étude qui pourrait être réalisée par un cabinet de recrutement américain. C'est précisément lorsque le touriste est seul qu'il devient attachant. Exaspérant parce qu'il bâcle tout et qu'il n'est pas force de proposition. Attachant parce que, malgré sa paresse et sa productivité infinitésimale, le touriste est tout le contraire d'un nuisible ! Le touriste n'est pas un nuisible car il ne « joue » pas un rôle, il n'est pas hypocrite, manipulateur ou avide de pouvoir. Au contraire : il n'a aucune ambition et il assume son statut de touriste. Il en est même fier. Il est reconnu comme tel et cela lui convient. Le touriste le plus connu et le plus fidèle à cette description est l'inénarrable héros de bande dessinée Gaston Lagaffe. Redoutable touriste, grand ambassadeur de la sieste au bureau, son manager – Prunelle – le déteste autant qu'il l'admire pour sa paresse ! Chaque fois que Lagaffe « semble » travailler plus ou moins convenablement, Prunelle nourrit l'espoir qu'il va enfin réussir à faire de lui un parfait collaborateur… Mais une énième gaffe de l'intéressé et sa démarche nonchalante le ramènent vite à la réalité ! Un élément infaillible pour reconnaître un touriste d'open space en un simple coup d'œil ? Sa démarche, précisément ! Ses pieds foulent la moquette plus ou moins épaisse du bureau comme ils fouleraient le sol caillouteux d'un sentier côtier breton ou les ruelles d'un paisible village provençal. Rien ne presse, peu importent les circonstances. Le pas est détendu, nonchalant, et imperturbable. Notre démarche en dit beaucoup sur nous. Regardez vos collègues lorsqu'ils traversent l'open space. Chacun a sa démarche. Vous pouvez aussi prendre un peu de recul et regarder la vôtre dans le miroir… Vous ne serez pas déçu.

Le procrastinateur

Procrastinateur. Du latin *procrastinare*. Ce profil incontournable dans le monde du travail a même sa journée mondiale : le 25 mars. Mais avant de penser au bureau, il faut retourner quelques années en arrière, sur les bancs de l'école, afin d'évaluer le talent d'un procrastinateur. Les études d'un psychologue, Walter Mischel, à l'université de Stanford, ont révélé que la procrastination est due à un manque d'apprentissage de la maîtrise de soi. Ainsi, les parents ont un rôle très important dans l'épanouissement – ou non – de leurs enfants dans la procrastination. Si, à 18 ans, on révise son bac deux jours avant la première épreuve, c'est à l'évidence parce que la maîtrise de soi est quelque peu approximative. De même si quelques années plus tard la rédaction d'un mémoire de 100 pages prend deux jours et deux nuits, sous l'inexorable contrainte de la date butoir ! Ces comportements conditionnent la suite dans la vie professionnelle... Au bureau, le procrastinateur applique à la lettre ce propos de Mark Twain : ne remets jamais au lendemain ce que tu peux faire le surlendemain. Dans l'open space, notre « procrastinateur-*in-chief* » se repère facilement : il n'a pas une grande passion pour le reporting et fait très peu état de l'avancée

de ses projets à son supérieur. Ou bien il botte en touche. Il cherche à gagner du temps même s'il en perd à procrastiner ! Sur son bureau souvent en désordre, il accumule les *to do lists* qu'il ne parvient jamais à terminer. Il perd le fil, recommence… La même tâche peut apparaître sur trois ou quatre Post-it différents, semaine après semaine, en fonction de son degré d'urgence. Pour des missions plus importantes avec des délais très stricts, en revanche, c'est différent. Il n'est pas rare d'apercevoir notre procrastinateur rester tard au bureau un vendredi soir : il s'est attaqué à 16 heures le jour même à un dossier touffu qu'il doit rendre lundi. L'urgence est une donnée absolument relative et très personnelle pour le procrastinateur en herbe. Un rendez-vous téléphonique ou une réunion qui ont lieu dans une demi-heure et qui ne sont toujours pas préparés ne relèvent pas d'une urgence majeure : il attendra les cinq dernières minutes pour s'y atteler. En télétravail, c'est pire : le procrastinateur se noie dans les *to do lists* personnelles et professionnelles qu'il mélange allègrement. La question « Quelle est ma priorité ? » ouvre sur des vertiges métaphysiques…

Le désabusé

« Plus les peuples avancent en civilisation, plus cet état du vague des passions augmente ; car il arrive une chose fort triste : [...] la multitude de livres qui traitent de l'homme et de ses sentiments rendent habile sans expérience. On est détrompé sans avoir joui ; il reste encore des désirs et l'on n'a plus d'illusions. L'imagination est riche, abondante et merveilleuse ; l'existence pauvre, sèche et désenchantée. On habite, avec un cœur plein, un monde vide et, sans avoir usé de rien, on est désabusé de tout. » Si, en 1802, dans le *Génie du christianisme*, François-René de Chateaubriand ne parlait – bien sûr ! – pas de la vie de bureau, son diagnostic s'applique pourtant bien à certains de nos collègues les plus désabusés. Ceux qui ne montrent jamais le moindre enthousiasme et dont le dernier sourire remonte à la victoire des Bleus en 1998. Qui est le désabusé ? Très souvent un(e) collègue plutôt d'âge mûr, salarié(e) de la même entreprise depuis déjà quelque temps... Trop longtemps, peut-être... Le temps, justement, a eu raison de l'enthousiasme, des désirs et des illusions qui l'avaient mené(e) à « signer » pour cette aventure professionnelle : le désabusé connaît désormais tous les rouages de son entreprise : ses hypocrisies, ses jeux de dupes, ses dialogues

de sourds, tout ce qui fait le sel de certaines carrières… Le désabusé ne veut plus faire semblant. Il n'a pas non plus envie de changer son quotidien : à quoi bon ? En réunion, il acquiesce en permanence, ne s'oppose à rien. Il laisse faire. Dans les couloirs, il traîne le pas. Il soupire aussi beaucoup. À son corps défendant, le désabusé peut avoir un effet néfaste sur ses collègues et leur plomber le moral. Il peut également arriver que son « à-quoi-bonisme » tourne au grotesque et provoque un léger amusement. Il n'y a pas d'âge pour être désabusé : on peut l'être très jeune et très rapidement si l'écart entre les désirs, ce qui avait été promis « sur le papier » et la réalité, est abyssal… Dans le film *Le Lauréat*, Benjamin Braddock – fraîchement diplômé – est désabusé à l'idée même de rejoindre la vie active. Il existe une amusante technique pour mesurer le désabusement critique d'un collègue : si, au début du mois de juillet, vous lui souhaitez de passer de bonnes vacances et s'il vous répond : « J'aurais préféré partir en août » ou « Bof, de toute façon, je vais avoir un temps pourri », vous avez affaire à un fort joli spécimen. Mais il n'a pas tort : au moins, au bureau, on est à peu près certain qu'il ne pleuvra pas.

Le manipulateur

Ils sont plus nombreux que vous ne le pensez, les manipulateurs d'open space qui dupent leurs collègues, les prennent pour des idiots. Plus ou moins subtilement. Au bureau, il existe plusieurs catégories et sous-catégories de manipulateurs. À chacun son style et sa technique. Leur objectif, bien sûr, est de n'être jamais pris la main dans le sac… De manipulateur à loser, il n'y a qu'un pas. Et c'est tant mieux : si on prend le pari de manipuler les autres, c'est à ses risques et périls. Un manipulateur démasqué est rarement pardonné… Évidemment, il n'existe pas de physique de manipulateur, de la même manière qu'il existe un physique de premier de la classe – façon Agnan dans *Le Petit Nicolas* de Sempé et Goscinny – ou d'ingénieur informatique. Le manipulateur, c'est peut-être votre voisin de bureau : une tête d'innocent, un Monsieur ou Madame Tout-le-Monde qui ne ferait pas de mal à une mouche. En public, il paraît toujours

sympathique, affable. Il ne vous veut aucun mal. Vous êtes d'ailleurs fort tenté de lui faire confiance et de vous livrer : ragots, confidences et jugements sur les uns et les autres… Tout ce que vous lui direz, le manipulateur le retiendra et pourra s'en servir contre les autres… ou contre vous ! Comment se protéger du manipulateur ? Un zeste de paranoïa n'a jamais fait de mal à personne. Il faut éviter d'être une proie facile : parler à tort et à travers, émettre des avis sur tout et n'importe quoi, critiquer des collègues dans leur dos… Il faut faire le tri parmi les personnes à qui vous vous confiez. Tout en gardant bien en tête que chacun de vos collaborateurs peut être un sous-marin d'open space. Et rapporter vos propos… Le fameux « rapporteur » de l'école primaire. D'une classe de CM1 à l'open space, il n'y a qu'un pas.

Le débordé

« Très honnêtement, je n'ai pas une minute à moi aujourd'hui, donc pas de temps à t'accorder. Je suis débordé. »

Nous avons tous un voisin de bureau qui a toujours mille dossiers à mener de front et qui, à l'entendre, n'a jamais une minute pour souffler. Il est constamment « sous l'eau », travaillant d'arrache-pied du lundi matin 8 h 30 au vendredi soir 19 heures. Pas la moindre pause-café dans cet emploi du temps de stakhanoviste, pas la moindre flânerie sur Google ou Instagram pendant les heures de travail. Un véritable soldat corporate. Un bourreau de travail. C'est, du moins, ce qu'il a envie que croient ses collègues... Et s'il a quelques similitudes avec son voisin hyperstressé, le débordé n'est pas forcément torturé par le stress. Au contraire. Le plus souvent, les vrais débordés, stressés par leur surcharge de travail (c'est le lot de grand nombre d'actifs), ne se manifestent pas. On ne les entend pas forcément, même s'ils souffrent. En revanche, les débordés qui s'affichent ostensiblement comme tels ne sont pas rongés par l'angoisse... Ils sont même fiers de cette surcharge de travail qu'ils considèrent comme l'unité de mesure de leur importance dans l'entreprise. « Si je suis débordé, c'est que je suis quelqu'un qui compte », se disent-ils en filant de réunion en réunion, dossier sous le bras, avec des airs supérieurs. Pourtant, nous le savons, passer son temps en réunion est parfois un excellent refuge pour masquer un vide intersidéral... Le débordé, stratège, a oublié d'être stupide. Il sait que s'il s'affiche constamment occupé, le regard soucieux et rivé sur son écran, déclinant les invitations à une pause-café, cela lui garantit un grand luxe : on lui fiche la paix. Quelqu'un qui a la réputation d'être toujours sous l'eau, on ne le dérange pas. On ne lui tombe pas dessus pour un oui ou pour un non. Un luxe donc, mais réservé à des profils déjà assez capés... Il serait intéressant de connaître la vraie vie de bureau de ces collègues si occupés. Quand il est penché sur son smartphone, ce qui retient son attention et mobilise toute sa capacité de concentration, c'est peut-être une épique partie de Candy Crush...

Le placardisé

Vous souvenez-vous, dans Harry Potter, de la méticuleuse description de son fameux « placard sous l'escalier », qui fait office de chambre et de lieu de vie ? Un lieu qui n'est qu'ennui, poussière et désespoir... Le jeune héros, avec ses lunettes rondes cassées et sa cicatrice, est l'archétype du « placardisé », même si ledit placard du 4, Privet Drive ne donne pas sur un open space ! Si l'on se téléporte, comme dirait J. K. Rowling, dans la vie professionnelle, il est fort peu probable que le Code du travail autoriserait de telles conditions de vie au bureau. Si le placard est une métaphore et que le placardisé a un bureau plus ou moins similaire à celui de ses collègues, ce qu'il ressent n'est guère enthousiasmant : seul, livré à lui-même, pas ou peu impliqué dans les projets de son entreprise... Les journées se suivent et se ressemblent. Comment diable se retrouve-t-on au placard ? Ce sont les circonstances et les aléas des activités de son entreprise,

à un moment précis où le placardisé en devenir ne rentre plus dans les équations et les projets de son employeur. Il est constamment « débranché », délaissé, éternel abonné du banc de touche pendant que les autres sont sur le terrain. La durée d'une mise au placard est relative. Tantôt, c'est une parenthèse de quelques mois, en attendant un « rebond ». Tantôt, la parenthèse est si interminable que l'intéressé, s'il veut s'extraire de sa condition, doit aussi quitter son entreprise… qui attendait précisément ce dénouement. Quel est le profil type d'un actif mis au placard ? Un élément habitué à être managé mais qui ne déborde ni de créativité ni d'envie d'indépendance. Ni motivant ni motivé et faisant rarement preuve d'enthousiasme. Le placardisé peut aussi l'être après un conflit avec la hiérarchie ou la rencontre explosive entre deux ego… La mésaventure n'épargne personne, surtout pas les top managers. Il arrive aussi qu'un placard soit une cage dorée : quand son occupant, s'il est bien payé, y trouve finalement son bonheur, malgré tout…

La commère

Si *commère* est un nom féminin, le commérage n'a point de sexe. Il se pratique aussi bien au féminin qu'au masculin. Il se partage, se mélange et se déploie dans les couloirs comme une traînée de poudre. Autour de la machine à café et sur WhatsApp, le potin corporate est une friandise qui régale tout le monde, un petit plaisir dont on peine à se priver. Les ingrédients d'un bon ragot ne manquent pas : petites histoires sentimentales en interne, disputes entre deux collègues, rémunérations, jeux de chaises musicales, nouvelles prises de fonctions… Le théâtre de la vie de bureau offre chaque jour de nouveaux prétextes pour colporter ragots et potins ! Les commérages, c'est amusant quand ils concernent les autres. C'est beaucoup moins lorsqu'on en est soi-même l'objet ! Le commérage n'a pas, à ma connaissance, eu les honneurs d'être l'objet d'étude d'un grand penseur américain du management. Si c'était le cas, une telle étude, à coup sûr, montrerait que plus de 95 % des cadres sont exposés à un ragot au moins une fois dans leur carrière ! Difficile d'y échapper !

À quoi ressemble donc le ou la commère ? C'est un animal social, qui réseaute beaucoup, qui connaît tout le monde dans la boîte. L'oreille attentive, il sait se montrer bienveillant. C'est un bon camarade à qui l'on aime confier ce que l'on a entendu ou ce que l'on sait. Si certains ont une réputation de commère (et ils en sont parfois fiers), d'autres se montrent si discrets qu'ils sont difficilement soupçonnables…

Comment s'assurer qu'un camarade d'open space est une commère ou pas ? Il existe un moyen très simple qui a fait ses preuves dans les cours de récréation : vous lui confiez une anecdote croustillante et savoureuse, sous couvert du secret. « Je te fais confiance, tu ne le répètes pas. » Laissez mijoter trois à cinq jours. Si, d'ici là, votre confidence vous revient aux oreilles, votre camarade n'est pas digne de confiance. Le test est plus amusant si l'anecdote est un petit mensonge qui fait passer votre commère pour un triste sire ! Une précaution, néanmoins : pour que cela reste bon enfant, votre supercherie ne doit mettre personne dans l'embarras, sinon la commère…

Le pervers narcissique

C'est un bandit de l'open space. Un tortionnaire corporate, redoutable et redouté. On l'imagine plutôt bel homme, rasé de près et impeccablement coiffé, élégant, sourire Colgate, tel Patrick Bateman dans le roman *American Psycho* de Bret Easton Ellis. On l'imagine au dernier étage d'une tour de La Défense, dans un vaste bureau ou foulant la moquette épaisse des couloirs et décochant ses sourires hypocrites à ses voisins de bureau. Un homme donc… Non, la parité est respectée : il y a aussi des perverses narcissiques. Homme ou femme, le pervers narcissique pratique la *poker face* à la perfection : il peut sourire sur commande et, en une fraction de seconde, retrouver un visage froid, sans que transparaisse la moindre émotion. L'émotion, c'est précisément ce qu'il n'a pas. En revanche, son grand talent est de se servir de celles des autres… Il a été un temps l'éternel invité

de la une des magazines. Un marronnier qui a été la star des dossiers « Psychologie au bureau » et la star des cas pratiques de coaching : le pervers narcissique, comment le reconnaître ? Comment l'éviter ? Comment déjouer son influence malsaine ? Comment le prendre à son propre piège ? Comment lui tenir tête ?

Cette omniprésence médiatique du pervers narcissique a créé un effet de psychose et beaucoup de paranoïa : si l'on parle autant du pervers narcissique, c'est qu'il y en a partout dans l'open space. À tel point que dès qu'on trouve un collègue un tant soit peu antipathique, on le qualifie de pervers narcissique… Revenons à la définition. Un pervers narcissique ou une personne atteinte d'un trouble de la personnalité narcissique est une personne qui a une image dévalorisante d'elle-même et qui se valorise en rabaissant les autres, selon le site Passeport Santé. Si l'un de vos collègues, doté d'un ego surdimensionné, est convaincu d'être le messie du management, ce n'est pas un pervers narcissique : c'est un prétentieux qui a le melon. Si un camarade multiplie les cachotteries et est un adepte des messes basses dans votre dos, ce n'est pas un pervers narcissique : c'est un gougnafier et un menteur. Enfin, si un collègue est un dragueur un peu trop insistant, c'est peut-être un pervers, mais pas narcissique : c'est un gros lourd.

La fashion victim

De l'administration aux start-up, des cabinets d'avocats aux grands groupes, des PME aux consultants, chaque job, chaque secteur a ses codes, ses paradoxes, ses transgressions aussi. Qui oserait porter une veste de travail et un T-shirt pour un entretien dans une banque d'affaires ? À l'inverse, qui aurait l'audace – ridicule – de porter une cravate pour un rendez-vous avec le CEO d'une start-up tendance ? Dans quelque entreprise que ce soit, qui se hasarderait en tongs et bermuda, à moins d'être un démissionnaire un tantinet provocateur ? Ou un commercial d'Havaianas ou Vilebrequin ? Si chaque métier a ses codes vestimentaires, dans chaque entreprise, il y a toujours quelqu'un qui prend ces questions d'habit très au sérieux : c'est la fashion victim, qui soigne plus son look que ses présentations PowerPoint ! À chaque jour, une nouvelle pièce qui fait sensation auprès de ses collègues. La fashion victim corporate ne laisse rien au hasard. Elle n'est pas atteinte du syndrome « jean et T-shirt » de Mark Zuckerberg : pour la fashion victim, l'habillage, chaque matin, est un moment aussi sacré que la première capsule Nespresso. Elle a une réputation à tenir : sa religion l'oblige à ne JAMAIS mettre le même vêtement plus d'une fois par semaine. L'astuce ? Jouer avec les couleurs, les tendances, les codes de son milieu professionnel et avoir toujours un coup d'avance sur la mode. Et, surtout, prévoir sans cesse de nouvelles pièces à sortir de l'armoire ou du placard le lundi matin. Pour ses collègues, la fashion victim est un repère, un arbitre des élégances, un parangon du bon goût. Deux énigmes n'ont cependant pas encore été résolues. La première : où diable notre fashion victim stocke-t-elle ses montagnes de vêtements ? La deuxième : comment fait-elle pour payer toutes ses pièces de marque ? D'autant que, aux dernières nouvelles, son salaire est le même que le vôtre…

Le grignoteur

Il – ou elle – arrive dans l'open space avec des madeleines Saint-Michel en affichant un petit air coupable. Coupable de quoi ? De grignotage, pardi ! Le matin, à midi, au goûter… À n'importe quelle heure en fait, car le grignotage n'a pas d'heure. Et il est terriblement contagieux… Mettez un grignoteur compulsif dans un service de cinq à dix personnes. Quelques semaines plus tard, ce fléau corporate se sera répandu et le poids moyen de l'équipe aura grimpé… Chaque année, à la rentrée, on a beau prendre de bonnes résolutions, elles sont vite grignotées ! À quoi ressemble le grignoteur ou la grignoteuse ? Foin des clichés : nous n'avons pas forcément affaire à quelqu'un tout en rondeur, un peu enveloppé. Le grignoteur est parfois insoupçonnable jusqu'à ce qu'il se révèle. Par altruisme et gentillesse, il pousse ses camarades à la consommation. Il laisse traîner sur son bureau ses tablettes de chocolat, ses paquets de bonbons colorés, ses barquettes de biscuits. Il fait le tour du bureau, armé de ses friandises tentatrices. La période à risque ? Celle des fêtes de

fin d'année… Un moment où le *summer body* est un projet encore vague. Les croissants ou les chouquettes, apportés à l'improviste, sont un moyen très simple de mettre du liant dans l'équipe. Car le grignotage est aussi une technique de management éprouvée. Il se pratique également dans le top management, qui dispose de bureaux fermés. L'avantage ? On peut y grignoter en paix, à l'abri des regards. À moins que s'isoler entre quatre murs ne soit le meilleur moyen d'échapper à la tentation quand l'open space cède au péché de gourmandise.

L'accro au smartphone

À force de connecter tout et n'importe quoi, on prend le risque de devenir n'importe qui ! Pour certains de nos collègues, le smartphone est plus qu'un outil de travail fort utile. C'est un prolongement de leur corps, une greffe mobile au bout des doigts. C'est la maladie du collègue trop connecté : si vous le voyez se balader les bras ballants au détour d'un couloir, c'est qu'on lui a subtilisé son diabolique engin. Ou qu'il est atteint de somnambulisme de bureau. Le seul moment où un accro au smartphone ne tient pas son téléphone à la main ? Précisément lorsqu'il dort. Et encore... Le mode avion, c'est pour les autres : les notifications *push* – qu'il collectionne – ne sont jamais très loin. Qu'il soit en réunion, en formation ou qu'il passe un coup de fil, plusieurs gestes trahissent l'addiction. C'est la manie de scroller machinalement – sans cesse, chaque minute – l'écran tactile en regardant sa boîte mail, par exemple. C'est, d'un geste vif, le déverrouillage de l'écran pour afficher ses applications fétiches et les fermer tout aussi vite qu'il les a ouvertes. L'accro au smartphone se nourrit de notifications et d'alertes, son regard s'illumine quand s'éclaire son écran. Lors d'un verre ou d'un déjeuner entre collègues, le plus accro est facile à repérer : c'est celui qui laisse son téléphone sur la table, toujours prompt à se saisir de l'écran qui rend fou… Sa capacité d'attention est assez faible. Un blanc dans la conversation, une seconde de silence, un sujet de conversation qui ne l'intéresse que modérément, il fonce tête baissée pour remettre le nez dans son écran…

Le père de famille

La rentrée des classes a une saveur qui ne change pas d'année en année. Que l'on fasse ses premiers pas à la maternelle ou que l'on soit un paisible quinquagénaire qui rentre au bureau après quelques semaines de vacances bien méritées. La rentrée, dans l'absolu, est le moment d'une subtile torpeur routinière qui mêle angoisse, ennui… et impatience. Impatience de (re)découvrir ses collègues, à l'instar de ses camarades de classe d'antan. Parmi les collègues, il en est un que l'on est heureux de retrouver : le père – ou la mère – de famille. Le sexe ou le genre, ici, importe peu : il s'agit d'un(e) collègue qui se comporte avec ses camarades de bureau de la même manière qu'il mène sa vie à la maison. Il s'intéresse, il accompagne, il soutient… dans les épreuves et dans les réussites. Ce collègue si précieux est

celui qui vous entoure, peu importe la situation que vous traversez, et qui donne de sa personne comme si vous étiez son propre enfant ! Ce collègue, c'est celui qui est capable de se réjouir avec sincérité d'une bonne nouvelle et de passer une heure à discuter avec vous de vos états d'âme plus personnels… Ce collègue ne vous trahira jamais : c'est un roc, il n'est ni hypocrite, ni manipulateur, ni amateur de potins. Il a simplement bon cœur et une envie naturelle que ses collaborateurs se sentent bien… Évidemment, sa bonne humeur – quasi systématique – et sa simplicité mettent une délicieuse ambiance dans un groupe. Pour toutes ces raisons, il est très précieux. Si un jour il faiblit, courbe l'échine, il mérite toute votre attention…

Le bordélique

On a coutume de dire qu'un chien ressemble à son maître. Dans sa physionomie, sa façon de se déplacer, son comportement… On peut également lire dans les yeux de l'animal des expressions de son propriétaire et son humeur du moment. Dans la vie de bureau, il y a un indicateur analogue : le poste de travail. Tel bureau, tel maître ! Regardez autour de vous et comparez la personnalité de vos collègues avec leur lopin d'open space. Vous y trouverez des indices, des objets révélateurs… Parmi ces bureaux, tous à l'image de leur occupant, se dessinent des profils variés. Le plus spectaculaire, qui fait toujours son effet, est celui du désordonné, du bordélique qui semble ignorer que la poubelle est un excellent accessoire de rangement. Le bureau du désordonné ressemble à un champ de bataille. Sans aucune logique apparente s'y accumulent livres, papiers, écouteurs, paquets de biscuits, dossiers, tote bags, gel hydroalcoolique, goodies… Une chatte n'y reconnaîtrait pas ses petits. Une décharge publique en plein open space ! Un ersatz de Gaston Lagaffe et ses mille gadgets absurdes. Dans certains cas, le désordre corporate pourrait être élevé au rang de performance artistique. Pour trouver sa souris d'ordinateur, le désordonné doit parfois se faire archéologue, voire spéléologue, et s'enfoncer dans les entrailles de son capharnaüm... Comment peut-il se concentrer au milieu d'un tel chaos ? Parfois, la réponse est simple : il n'y parvient pas et la vue de son bureau le stresse. D'autres cas sont plus complexes. Le désordonné, imperturbable, semble n'avoir pas conscience de la pollution visuelle qu'il inflige à ses camarades. Il travaille comme si de rien n'était. Enfin, il y a un cas beaucoup plus subtil : le faux désordre qui cache un rangement méticuleux, obsessionnel, savamment construit au fil du temps. Changez une seule feuille de papier de place et ce maniaque demandera à la cantonade : « Qui a semé la pagaille sur mon bureau ? »

Le caféinomane

C'est un petit drame : se retrouver, un beau matin, Gros-Jean comme devant en découvrant que les capsules de café manquent à l'appel dans le tiroir de son bureau. Si la chance vous sourit, un camarade vous dépannera volontiers. Si vous êtes seul au bureau, vous n'avez plus qu'à vous morfondre… ou à filer illico presto au distributeur s'il y en a dans votre entreprise et si la qualité de son breuvage ne laisse pas trop à désirer… Le café est le fioul corporate. Le petit noir du matin donne le « top départ » de la journée de labeur… Dans l'open space, il rassemble. Il est le philtre nécessaire à la création et à l'entretien de ce « lien » indispensable pour souder les équipes. Balzac écrivait que le zinc du troquet est le parlement du peuple. Au bureau, c'est la salle de pause avec sa machine à café qui est le haut lieu des ragots. Le café peut être une activité collective, quand plusieurs collègues se retrouvent leur tasse à la main, ou plus solitaire si l'intéressé préfère déguster son arabica à son bureau. Le collègue accro au café est tout cela à la fois : incapable d'assister à une réunion sans un allongé, il consomme ses 5 à 6 cafés par jour,

voire plus pour les grands caféinomanes. Il n'hésite jamais à en prendre « un petit dernier » vers 17 heures. Ôtez-lui son café et son open space est dépeuplé… Une chose agace profondément l'accro au café : être victime de ces chapardeurs d'open space qui n'hésitent pas à laisser traîner la main sur le bureau des autres lorsqu'il y a dessus une ou deux capsules. Ils ne respectent rien. Ils savent pourtant que la capsule en aluminium (en matériau biosourcé, très tendance) est chose sacrée ! Aussi l'accro au café ne quitte-t-il pas d'un œil ses précieuses réserves stratégiques ! Heureusement, rien de tel que le café pour rester en alerte. Philippe Geluck, par l'intermédiaire de son chat, l'a bien résumé : boire du café empêche de dormir. Et, réciproquement, dormir empêche de boire du café. Quoique… Il est, paraît-il, de très grands caféinomanes qui se relèveraient la nuit pour prendre leur dose !

Le désambitieux

Dans la grande comédie humaine de la vie de bureau, certains profils prennent moins la lumière que d'autres pour une raison simple : précisément, ils n'éprouvent aucun plaisir à jouer la comédie ou à se faire remarquer. Ils ne cherchent pas la lumière, ni l'attention de leur hiérarchie. C'est le « désambitieux », qui se caractérise par un désintérêt pour toute forme de carriérisme : il ne roule pas les mécaniques en réunion, ne flatte pas ses supérieurs, n'est pas adepte du présentéisme… Il est d'accord avec Chamfort : *« Amour, folie aimable ; ambition, sottise sérieuse. »* Le désambitieux n'est ni avide de reconnaissance, ni à l'affût des promotions. S'il devient manager ou si son employeur lui propose un poste plus élevé, c'est malgré lui ! Il ne refusera pas une promotion et une augmentation : il acceptera, avec un enthousiasme mesuré, en s'assurant que ses nouvelles fonctions ne lui demanderont pas d'efforts surhumains et des journées à rallonge. Il arrive même qu'il soit choisi pour un poste précisément pour ce trait de caractère. Jamais, en revanche, vous ne verrez un désambitieux aller négocier sa rémunération avec les crocs acérés. Un désambitieux aux commandes n'est pas obnubilé par la recherche de performance, mais il sait raison garder. Il ne faut d'ailleurs pas le confondre avecle touriste puisque le manque d'ambition n'est pas – systématiquement – synonyme de tire-au-flanc. Le désambitieux aime travailler mais ce n'est pas le moteur de sa vie. Il est souvent bon camarade : sympathique, loyal, à l'écoute des autres… C'est un être rationnel et « normal » que les vices cachés de l'entreprise n'ont pas perverti !

Le nombriliste

Certains de nos collègues ont sans aucun doute fait de la célèbre chanson de Jacques Dutronc – *On nous cache tout, on nous dit rien* – leur hymne personnel, révélant ainsi une facette de leur personnalité peu appréciable : leur nombrilisme. Les cas testés positifs au nombrilisme n'ont pas systématiquement le melon : il peut même arriver qu'ils manquent de confiance en eux. En revanche, ils ont besoin que toute l'organisation qui les entoure se plie à leurs petites habitudes et à leur confort. Ils estiment qu'il est tout à fait naturel que l'entreprise s'adapte à eux. Le plus intéressant et bluffant avec le nombrilisme, c'est que la faille n'a aucun lien avec la hiérarchie ou le pouvoir : les nombrilistes ne sont pas toujours dans les hautes sphères du management. Ils peuvent tout aussi bien être les collaborateurs d'une équipe… et y semer la zizanie ! Car discuter en bonne intelligence – selon le tic de langage à la mode – avec un collègue qui n'a d'yeux que pour son nombril est complexe pour une raison évidente : il se moque de tout ce qui ne le concerne pas. Le nombriliste se traite

au cas par cas. S'il est un salarié lambda, il voguera d'équipe en équipe, de poste en poste, avec son défaut que tout le monde connaît. En revanche, si le nombriliste est à un poste élevé, il faut composer avec lui et non pas contre lui… C'est précisément lorsqu'on est dirigé par un nombriliste que les temps peuvent être rudes ! La grande loterie du management et des rapports hiérarchiques donne parfois lieu à des situations périlleuses…

Le sous-marin

Quelles sont nos chances de deviner la présence d'un sous-marin, dans les profondeurs de l'océan, lorsque l'on se trouve à l'air libre ? Nulles, évidemment. En revanche, il existe un moyen de le détecter : son périscope le trahit lorsqu'il affleure à la surface à l'instant T. Encore faut-il ouvrir l'œil. Et le bon. Le sous-marin vit sa vie en marge des autres, incognito et dans la plus stricte discrétion. En entreprise, c'est pareil : le collègue sous-marin n'est pas un individu fasciné par le travail d'équipe ! Dans sa pire déclinaison, il n'a même pas de périscope… Qu'est-ce qui caractérise un collègue sous-marin ? Pas grand-chose, justement : il a l'habitude de tout faire dans son coin, sans en référer ni rapporter à quiconque. Il prend ses décisions seul. Il assiste aux réunions qui l'intéressent, participe aux meetings qui lui plaisent. En termes de transparence, il cultive l'opacité : jamais vous ne saurez avec qui il a rendez-vous ni avec qui il parle dans l'entreprise. Il cultive son réseau seul et discute avec qui il veut. S'il a un projet ou un souhait particulier, vous l'apprendrez par un tiers ! Jamais de sa bouche. Avec le sous-marin, il y a toujours un délai avant de finir par apprendre ses actes et motivations. Il fonctionne selon une maxime qu'il a piquée à un célèbre assureur et dont il a inversé les termes : zéro blabla, zéro tracas. C'est d'autant plus vrai quand le sous-marin est à un poste élevé : plus il est puissant, moins il aura la courtoisie de dire « en direct » ce qu'il pense ou ce qu'il compte faire… Il n'a plus besoin de vous ? Ce n'est pas lui qui vous en fera part. Quelqu'un d'autre vous l'apprendra, pour votre plus grand bonheur.

Le retardataire

C'est probablement l'un des défauts les plus agaçants qui soient, dans l'entreprise comme ailleurs : le manque chronique de ponctualité ! Au bureau, cela se traduit, au mieux, par un léger retard de cinq à quinze minutes à une réunion ou à un rendez-vous. Au pire, par un oubli total – volontaire ou non – de s'y rendre… Le télétravail et la distance n'y ont rien changé : il est tout à fait possible d'être en retard depuis chez soi. L'excuse est d'ailleurs toute trouvée : un appel qui s'est éternisé ou une box capricieuse. La technologie a toujours bon dos ! En psychologie, notre rapport personnel avec la ponctualité est révélateur de notre personnalité ! Arriver systématiquement en avance est le comportement d'un angoissé qui, précisément, a une peur bleue du retard. Quelqu'un qui est réglé comme une pendule et qui est d'une ponctualité irréprochable est un maniaque ou un obsessionnel ! Et notre retardataire ? Son manque de fiabilité horaire peut s'apparenter à un détachement, un lâcher-prise… En clair : le retardataire n'est ni stressé ni rongé par les angoisses

professionnelles. Le retard chronique divise médecins et experts. Certains estiment qu'il s'agit d'une vraie pathologie. D'autres relativisent, évoquant une simple mauvaise habitude... Mauvaise habitude, vraiment ? En choisissant de faire de son léger retard sa marque distinctive, on s'affiche de façon ostentatoire comme un individu très occupé mais pas stressé : quelqu'un d'important. Agaçant, le retardataire peut aussi avoir un côté cool voire punk. Surtout, en arrivant en retard, vous êtes certain de ne pas passer inaperçu...

L'imposteur

« Le syndrome de l'imposteur, m'a dit un éminent camarade dont je tairai le nom, est un ballon de baudruche qu'il est très facile de percer puisque nous sommes absolument tous concernés… » Vu comme cela, il est assez simple de dédramatiser face à ce sentiment d'imposture qui est une chose très partagée. C'est la grande question existentielle de la vie professionnelle : suis-je à ma place ? Ai-je du mérite dans ce que je fais ? Est-ce que je travaille assez ? Surtout, c'est la tarte à la crème de notre époque et une vraie et grande interrogation : suis-je utile à la société ? Mon job a-t-il du sens ? Sinon, ai-je le courage de changer de vie ? En ai-je, d'ailleurs, vraiment envie ? Ce sont autant de sujets de méditation. Imaginons le vertigineux scénario dans lequel tout le monde, du jour au lendemain, déciderait de changer de vie pour trouver une réponse à cette question existentielle… Ce serait un joli sujet de réflexion pour tout prospectiviste – ou romancier d'anticipation – en herbe. Mais la réalité est tenace ! Les imposteurs sont toujours là, parmi nous. Qui sont-ils ? Qu'est-ce qu'un imposteur, au juste ? Quelqu'un qui, à l'évidence, n'a pas trouvé sa voie et qui est – ou se sent – illégitime à une place qui n'est pas la sienne. Dans *Le sentiment d'imposture* (Folio, 2005), l'essayiste Belinda Cannone a creusé le sujet. Au bureau, à quoi ressemble l'imposteur ? À Monsieur ou Madame Tout-le-Monde, évidemment. La plupart du temps, il arrive très bien à dissimuler à la fois son imposture et le sentiment qui l'accompagne. D'autant qu'un imposteur n'est pas forcément un incompétent ou un tire-au-flanc ! Il est tout à fait possible de ne pas se sentir à sa place et de faire son travail avec *bona fide*. La situation la plus confortable, pour l'imposteur, est d'occuper un poste de pouvoir. Non seulement il y est plus tranquille, mais il laisse les autres bosser : l'une de ses occupations préférées est en effet de déléguer !

Le fumeur

« C'est facile d'arrêter de fumer ; j'arrête vingt fois par jour. » Ce trait d'esprit que l'on doit à Oscar Wilde résume bien la pensée de nombreux fumeurs qui (se) promettent qu'ils peuvent arrêter quand ils veulent… sans en avoir la moindre envie ! Vingt, c'est le nombre de cigarettes que l'on trouve dans un paquet standard. Vingt, c'est donc également le nombre de « pauses clope » que prend, chaque jour, votre collègue fumeur. S'il n'est point à son poste, c'est donc qu'il est parti fumer une cigarette. Ou en réunion. Ou les deux, le télétravail permettant d'être en réunion à distance tout en fumant chez soi. La pause clope depuis chez soi n'est néanmoins pas représentative de ce qu'est, par essence, ce rituel si particulier de la vie de bureau. Fumer une cigarette au bureau est à la fois un plaisir solitaire et un moment de partage : descendre en « griller une » avec quelques camarades est un grand classique, aux portes du bureau. Sortir fumer en solitaire,

le temps d'une pause ou d'un coup de fil, est un autre format. Mais toujours, dans une pause clope, il y a partage et interaction, même lorsque l'on fume seul : ce rituel est aussi le moment des rencontres fortuites. Si Dieu est un fumeur de havanes, le manager préfère les gitanes.

Certains collaborateurs ne se voient d'ailleurs que pendant la pause cigarette ! Ce sont des amis de la clope, comme d'autres sont des camarades de promo ou des potes du rugby jouant dans la même équipe. Les fumeurs corporate n'ont d'ailleurs pas forcément le même maillot, mais ils ont le même plaisir…

Géographiquement, la pause clope est d'ailleurs l'un des rares endroits à réunir tous les services de l'entreprise. La DSI y côtoie les RH, qui croisent le juridique ; qui offre une cigarette au contrôleur de gestion. C'est donc aussi un moment où l'on peut prendre le pouls de l'entreprise, et, en laissant traîner l'oreille, apprendre des tas de choses…

L'amoureux

« *Cher ange, vous êtes belle / À faire rêver d'amour, / Pour une seule étincelle / De votre vive prunelle, / Le poète tout un jour.* » Si l'on transpose ces vers de Théophile Gautier dans le corps d'un e-mail et que l'on remplace *« cher ange »* par « *chère collègue* », nous entrons dans la parfaite idylle amoureuse de la vie de bureau… Et Dieu sait que l'entreprise et le monde professionnel sont LE lieu de rencontres par excellence, plus efficace que n'importe quelle application de *matching* ou site de rencontres… Regardez autour de vous dans l'open space. Passez en revue l'ensemble de vos collègues. Vous y trouverez des couples, des mariages, des ex, des anciens flirts, et d'autres qui commencent tout juste à avoir un béguin réciproque. Qu'ils sont amusants et touchants, ces fameux collègues amoureux ! Souriants, le pas aérien sur l'épaisse moquette, l'air sans cesse dans la lune… Qu'ils sont naïfs à penser que personne ne s'en rend compte, quand bien même ils se retrouvent à l'heure du thé dans des endroits neutres pour tenter de se cacher ! Il suffit qu'un collègue surprenne un regard, une parole, un geste, pour que la rumeur circule dans tout l'open space, de couloir en couloir. « Tu savais que D et S étaient ensemble ? C'est dingue. Elle a dix ans de plus que lui. » Ou : « M. les a vus lundi au 5e étage, ils se tenaient la main. » Très vite, plus personne n'est surpris de les voir s'éloigner ensemble le soir… et revenir le lendemain matin, à trente secondes d'intervalle. Un couple illustre parfaitement les amoureux corporate : Gaston Lagaffe et M'oiselle Jeanne, auquel Franquin a consacré un hors-série en 2011. Il n'y a qu'une personne qui peut potentiellement être agacée par le couple corporate : le manager des deux moitiés. Car il va de soi qu'un collègue amoureux est moins efficace et impliqué qu'à l'accoutumée… Les pauses se multiplient. Le temps passé à papillonner aussi. Quand le manager souhaite appeler son camarade amoureux pour lui faire part d'une « urgence », il se rend compte que ce dernier a oublié son smartphone sur le bureau. L'entretien annuel aura peut-être un volet sentimental…

Le déjeuner solitaire

Qu'il est bon, de temps à autre, de déjeuner en paix – comme le chante l'artiste helvète Stephan Eicher –, seul, en lisant un bon bouquin, en écoutant un podcast ou en regardant un épisode de série télé ! Qu'il est sain et reposant de prendre du temps pour soi, en cassant la croûte à la maison, à son poste de travail, voire au restaurant… Dans l'open space, les déjeuneurs solitaires devant leur ordinateur sont devenus communs, par manque de temps, faute de convives et, par ces temps de pandémie, parce que les restaurants ne tiennent plus table ouverte ! Le temps de pause méridienne des Français s'est d'ailleurs réduit comme peau de chagrin : trente-huit minutes par salarié. Le déjeuner solitaire a bien des vertus s'il est pratiqué à petite dose, le rendre systématique est plus étonnant ! Cette solitude à l'heure du déjeuner, avec une salade et une demi-bouteille d'eau, est souvent le lot des

nouveaux arrivants qui n'ont pas encore lié connaissance avec leurs collègues. À moins bien sûr qu'un déjeuner de bienvenue ne soit organisé, ce qui est la plus belle manière d'accueillir un « nouveau », qu'il soit stagiaire ou salarié. Dès que le nouveau se sent à l'aise, les déjeuners en solitaire deviennent plus rares, un ou deux par semaine, grand maximum. Pourtant, il existe un profil particulier de collègue : celui qui, par choix, ne déjeune jamais avec les autres. Celui qui reste sagement à son bureau et qui, au mieux, descend acheter un sandwich à 13h30 et, au pire, se contente de grignoter quelques victuailles de malbouffe. Pourquoi ce choix ? Rarement par timidité. Le choix – et le droit, évidemment – de ne pas déjeuner, révèle une désaffection pour ses semblables et un désintérêt pour ce moment de la journée, qui est la possibilité d'une courte échappée belle. Celui qui ne déjeune jamais pense qu'il se suffit à lui-même. Triste erreur ! Partager des agapes, à l'intérieur ou à l'extérieur, garantit de conserver le goût des autres.

L'hypocrite

Bonne année, meilleurs vœux de bonheur, tant sur le plan professionnel que personnel, et cetera. Une année commence systématiquement par une kyrielle de bons sentiments plus ou moins authentiques et réciproques. Au bureau, c'est un moment amusant où l'on se retrouve parfois à souhaiter le meilleur à des gens à qui, la plupart du temps, on n'adresse jamais la parole ! Cela n'empêche pas, évidemment, d'être sincère... Mais le moment des vœux – qui s'étend sur tout le mois de janvier – est également un moment fétiche des plus hypocrites de nos collègues : la nouvelle année est une excuse idoine pour aller fouler l'épaisse moquette des bureaux de ceux qui comptent... Voltaire a écrit que *« l'hypocrite sourit et l'énergumène aboie »*. Cette idée pleine de finesse révèle effectivement cette vérité : l'hypocrite n'est ni lourdingue, ni bruyant. C'est un discret qui a une langue de velours. Il met un point d'honneur à ne jamais froisser quiconque. Son discours et son verbe sont ceux du caméléon : il s'adapte à chacun de ses camarades aussi nombreux qu'ils sont. Et, surtout, il s'acclimate à n'importe quelle situation. Ne comptez pas sur l'hypocrite pour avoir un avis critique et constructif : il chantera sans cesse vos louanges et vous servira sur un plateau ce que votre oreille souhaite entendre. L'hypocrite n'est pas forcément flagorneur : il ne va point trop en faire, mais va simplement faire en sorte que, face à lui, vous soyez d'humeur égale et que vous l'appréciiez. Il va aimer quand vous aimez, acquiescer quand vous acquiescez, et détester quand vous détestez. Démasquer l'hypocrite n'est pas compliqué : il se démasque tout seul ! Au quotidien, s'autocontraindre à adapter son discours en permanence et ne pas dire ce que l'on pense finit inévitablement par nous retomber dessus. Il arrive forcément qu'un beau jour l'hypocrite sorte de ses gonds et dise le fond de sa pensée… Évidemment, cette « vraie vérité » n'est jamais celle qu'il a propagée auprès de tout le monde. Ses collègues s'en rendent compte, et l'hypocrite est alors démasqué. Et plus nombreuses sont les fois où son masque tombe, plus ses propos vont perdre de leur crédit…

Le digital sceptique

Nous ne sommes pas tous égaux devant nos merveilleux outils numériques et profiter des prouesses – parfois à relativiser – qu'ils peuvent accomplir pour nous n'est pas qu'une affaire de génération, qu'on soit Y, Z ou plutôt senior. Si certains de nos camarades manient leurs smartphones ou leurs tablettes avec autant d'aisance et de grâce qu'un escrimeur fait virevolter son fleuret, d'autres sont plus réticents à papillonner entre leurs applications mobiles ! Il ne s'agit pas toujours d'un refus catégorique de se frotter aux nouvelles technologies mais simplement de la difficulté à parfois bien saisir leur réelle utilité. Sans compter que leur maniement est parfois semé d'embûches. Mais on en vient à bout avec un coup de main des collègues de bureau plus habiles… Il existe un cas plus complexe : celui du digital sceptique d'open

WORD

space. Il ne se contente pas de refuser d'utiliser les nouveaux outils numériques : il explique à qui veut l'entendre que lui n'a pas besoin de « tout ça » pour bien bosser ! Souvent d'âge mûr, ce spécimen têtu, voire buté, a une application favorite : sa boîte mail. Parfois, il utilise Microsoft Word. Mais c'est tout. Vous voulez lui apprendre les bienfaits d'une nouvelle application pour communiquer plus facilement ? « Tu ne veux pas qu'on continue avec les SMS plutôt ? » Vous vous demandiez pourquoi il n'éteint jamais son ordinateur en partant ? Ce n'est pas par provocation : il ne s'est tout simplement jamais demandé comment faire. Dans sa pire déclinaison, la plus extrême, la mauvaise foi du digital sceptique va jusqu'à ce constat, qu'il soutient mordicus depuis 2002 : Internet est une mode et, comme n'importe quelle mode, elle finira bien par passer ! C'est à ce moment-là que le bonheur du monde d'avant reviendra au galop. Cela vous fait sourire ? Lui, pas du tout. Reste à savoir s'il finira un jour par changer d'avis…

Le fin psychologue

Votre vie de bureau est comme une série télé avec des acteurs récurrents. Des acteurs plus ou moins complexes, plus ou moins bons aussi pour jouer la comédie, avec leurs traits de personnalité, leurs failles, leurs petits méfaits et leurs petits secrets… Tout cela se répand en doux bruits de couloir. Dans l'open space, tout le monde a un avis sur tout le monde ! Il existe un collègue dont le regard et l'expertise sont fréquemment consultés et appréciés. C'est le collègue fin psychologue, qui parvient à lire dans le jeu de ses camarades ou à comprendre pourquoi untel ne peut pas voir un autre en peinture. Mieux : il sait même décrypter les subtilités et le non-dit d'une décision stratégique ou managériale ! Attention : le psychologue du bureau n'a aucun diplôme dans son domaine de prédilection. C'est un amateur éclairé. Il est à la DRH ou à la DSI, c'est peut-être un commercial. Qu'importe ! Il exerce sa vocation en toute liberté, sur ses heures de travail, en observant son petit monde et en mettant bout à bout les informations qu'il a glanées… Et il en glane beaucoup, vraiment beaucoup : c'est un animal social qui se glisse entre ses groupes de collègues. Comme s'il était un « vrai » psy, on se confie à lui, on sollicite son opinion concernant les relations dans l'entreprise ! Le plus souvent, évidemment, chacun se plaît à l'interroger sur son propre cas… Notre fin psychologue de bureau se mue parfois en superconsultant interne : dois-je accepter les nouvelles responsabilités qu'on me propose ? Est-il judicieux d'évoquer « de vive voix » tel ou tel problème avec un supérieur hiérarchique ? Ce que l'on apprécie chez lui ? Sa neutralité de ton, l'absence de jugement dans son regard. C'est un confident. Il rassure. Grâce à lui, on se persuade qu'on prend la meilleure décision… Mais notre psy de bureau a un vilain défaut. C'est aussi une pipelette ! Et il n'est pas soumis au secret professionnel…

Le faux cool

Qu'il est important, en société – et a fortiori en entreprise – d'être « cool ». Loués soient, d'ailleurs, tous ces collègues qui amusent la galerie et se démarquent par leur personnalité. Ils rendent la vie de bureau et le travail en équipe beaucoup plus agréable… Être authentiquement cool est assurément une bonne chose. Vouloir à tout prix paraître cool, en revanche, l'est beaucoup moins. C'est pourtant un cas fréquent : le faux cool, qui ne ménage pas ses efforts pour tenter de paraître ce qu'il n'est pas : sourires très appuyés, ton exagérément sympathique et conciliant, vif intérêt et autres superlatifs – « génial », « wahou », « excellent » – pour des choses anecdotiques. Le faux cool – qui tient aussi du faux-cul – ou la fausse cool peut avoir n'importe quel âge. La fausseté et la fourberie ne sont point affaire de génération. Comme beaucoup de traits de personnalité et de profils psychologiques, il se dessine dès la cour d'école. Mais,

dans la récréation de l'open space, les enjeux ne sont plus les mêmes. C'est pourquoi ceux qui jouent aux faux cools sont souvent des individus bien en place dans l'entreprise et qui ont bien compris – du moins en sont-ils convaincus – que pour régner, il faut duper. Précision : tous les postes à responsabilités ne sont évidemment pas concernés. Dieu merci, il existe aussi des chefs vraiment cool ! Le dilemme est le suivant : apparaître authentiquement arrogant, ou faussement cool ? N'est-il pas plus honnête – à ses propres yeux comme à ceux des autres – d'oser révéler sa vraie personnalité avec ses qualités et ses failles, plutôt que de chercher à la dissimuler derrière un costume plus ou moins bien coupé ? Si certains faux cools auront le talent – puisque à ce niveau, c'en est un – de rester insoupçonnables, d'autres seront en revanche vite démasqués. Leurs prouesses seront comparables à un mauvais numéro de cirque. Et le respect qui leur est dû diminuera comme peau de chagrin tant qu'ils poursuivront leurs clowneries…

Le radin (malin)

Les questions d'argent ne manquent pas dans l'open space. Il y a le tabou du salaire. On en parle, évidemment, mais sans jamais le dévoiler. La rémunération est une chose à ne point détailler… Il y a aussi la cagnotte du pot de départ. Cela vous évoque quelques souvenirs, et quelques visages ? Et le partage de l'addition à la pause déjeuner ? Et la tournée à la pause-café, soit au distributeur soit autour de la machine du service ? Les occasions de « faire caisse commune » ne manquent pas… De bon cœur le plus souvent. De mauvaise grâce pour le radin – pas toujours malin – pour qui un sou est un sou. La pingrerie de certains est l'occasion de franches parties de rigolade ! Le principal intéressé devrait avoir les oreilles qui sifflent mais il reste sourd… Serait-il dur d'oreille ? Au point de ne pas bien entendre quand vous lui demandez de vous dépanner d'un euro ? Impensable… Arracher le moindre euro à notre avare est un exploit. Certains y parviennent parfois. « Tiens, tu ne vas pas me croire, Ludo m'a payé un expresso ce matin. » « Dingue. Tu aurais dû ajouter un muffin et regarder sa réaction ! » On ne doit jamais d'argent à notre radin : c'est toujours l'inverse. Il ne prête jamais rien, à moins que vous ne le preniez par les sentiments. Si vous lui avancez le moindre sou, soyez certain que vous ne le reverrez pas. Le pingre n'achète jamais la moindre capsule de café : il les « taxe » à ses camarades. Idem pour les cigarettes, ou n'importe quel petit plaisir du quotidien. Aux pots d'entreprise, il laisse les autres payer leur tournée et sait se faire oublier quand vient son tour. En quittant en douce le bistrot, par exemple. L'indice de radinerie au bureau n'est pas lié au niveau de salaire. Quoi qu'il en soit, gardez ceci en tête : n'importe quel défaut nous concerne (presque) toujours un peu. Même si l'on se croit généreux, on est toujours le radin d'un autre…

Le baratineur

« *La véritable émotion est sans voix* », aurait écrit Anne Barratin, femme de lettres du XIXe siècle… Pourtant, parmi tous nos collègues adeptes du bavardage, il en est un qui l'élève au rang des beaux-arts : le baratineur du bureau, notre maître en bagou. Dans l'open space, avoir la langue bien pendue est un atout : c'est l'assurance d'être entendu, vu, connu et reconnu. Comme l'a très bien dit Andy Warhol, toute publicité est une bonne publicité. Cet adage est valable pour le verbiage corporate… Notre beau parleur n'a pas la tête de l'emploi. C'est Monsieur ou Madame Tout-le-Monde, qui ne brille que lorsqu'il (elle) ouvre la bouche ! Ses collègues, qui ne sont pas dupes, apprécient ce baratineur en chef… S'il prend moins de place qu'une éolienne, il brasse autant de vent. Essayez de lui couper le sifflet, simplement par défi :

vous risquez de vous y perdre. Il ne laisse pas le moindre souffle à quiconque pour briser son monopole de la parole. Pour beaucoup d'entre nous – 87 %, selon le sondage que j'ai réalisé dans un open space décimé par le télétravail –, la réunion est un voyage au bout de l'ennui. Pour notre bavard, c'est un quart d'heure de gloire. Grâce à lui, une présentation sans intérêt devient un one-man-show. La salle de réunion, c'est son Olympia à lui. Le bagou est loin d'être un talent inutile : il est au contraire très précieux dans une négociation. Vous pouvez être certain que votre collègue baratineur est mieux rémunéré que vous… Si les timides hésitent à demander une prime ou une augmentation, lui n'a aucun scrupule. C'est un téméraire qui gratte plutôt deux fois à la porte de son chef ; il y laisse même, à la longue, des traces de griffes. Il est l'illustration parfaite de ce mythe de l'entreprise : ce collègue surpayé – si l'on en croit la rumeur – mais qui n'en fait pas lourd…

Le tatillon

Ah, le tatillon… Quel personnage ! Un collègue chez qui rien ne dépasse. Toujours tiré à quatre épingles. Il applique à la lettre une devise : l'habit fait le moine. Si vous décelez la moindre singularité dans son accoutrement, c'est bien à l'insu de son plein gré. Lui, pourtant, souhaite être le plus neutre, le moins original possible. Dans ses conversations, c'est la même affaire : les sujets sont souvent convenus, impersonnels, sans un mot plus haut que l'autre… Pour cette raison, avec lui, les discussions ne s'éternisent jamais plus de cinq minutes, montre en main, et se terminent généralement par le grand classique : le petit point météo. Le bureau du tatillon, forcément, est à son image. Le clavier est droit et la souris attend sagement, bien parallèle. Rien ne traîne, à part peut-être un stylo ou un agenda papier. On le croirait sorti d'une banque d'images ou d'un catalogue Ikea… Lorsqu'il travaille, le tatillon prend son temps, pour être certain que tout soit carré. Il lui faut en moyenne trente-sept minutes pour écrire un e-mail. Lorsqu'un courriel dépasse les 4 phrases, il n'hésite pas à passer sur Word pour se sentir à l'aise. Les tournures de phrase, les formules de politesse et une douzaine de relectures comprises. Lorsqu'il s'agit de prendre un café ou de déjeuner, c'est toujours lui qu'on attend : il a sans cesse un dernier détail à fignoler ! Lorsqu'il quitte son poste, il veut être certain que rien ne reste en suspens. Côté carrière, la ligne est souvent très droite. Le tatillon est un adepte de la loyauté envers son employeur. Il ne cherche ni à être volage ni à lui faire faux bond. C'est un collègue réglo, qui ne veut faire de tort à personne. Pour la direction, c'est une aubaine : avec lui, sauf circonstances exceptionnelles, on est à peu près certain de savoir à quoi s'attendre ! C'est précisément pour cela que le tatillon est un excellent élément pour les postes stratégiques sur lesquels on ne veut prendre aucun risque. Vous voulez savoir si votre collègue est tatillon ? Observez l'heure à laquelle il arrive ou part du bureau. Ou les endroits dans lesquels il prend sa pause déjeuner. Ce sont toujours les mêmes ! Et si, un beau jour, cela n'est plus le cas, c'est qu'il y a anguille sous roche…

Celui qui connaît tout le monde

Il y a une dizaine d'années, lorsque j'étais jeune stagiaire, j'avais demandé benoîtement à un camarade plus senior – une pointure – s'il « connaissait » untel. Impossible de me souvenir du nom de cet untel… En revanche, je me souviens très bien de la réponse, laconique, de mon interlocuteur : « Quentin… Je connais tout le monde. » Un zeste d'humour, peut-être. Mais surtout une infinie immodestie. Ce qui n'est pas forcément le cas de notre précieux collègue, « celui qui connaît tout le monde ». En matière de réseautage en entreprise, il y a deux types de personnage. D'un côté celui qui peut citer le prénom de n'importe quel collaborateur, de la DSI à la compta, et qui a déjà partagé un moment

CARNET D'ADRESSES

avec lui. De l'autre, celui qui ne s'intéresse qu'aux puissants… Connaître tout le monde est un sacré objectif. Il s'agit d'être curieux, de s'intéresser à la vie de son entreprise, d'identifier des bandes, des amitiés – feintes ou sincères – et d'observer sans cesse la vie de bureau avec un œil acéré. Il s'agit d'avoir une bonne mémoire des choses et des gens. Pour parfaire sa connaissance, il existe un outil d'une efficacité extraordinaire : l'organigramme de l'entreprise, qui est souvent mis à disposition en quelques clics, sur Microsoft Outlook. On découvre ainsi des rapports hiérarchiques que l'on ignorait. Cela permet aussi de mettre des noms sur des visages. Ou l'inverse ! Votre collègue qui connaît tout le monde a cette particularité : il est capable de vous donner des informations sur n'importe quel collaborateur croisé au coin d'un couloir. Au bureau, avoir le sens du *name-dropping* – que l'on peut barbarement traduire par « lâcher de noms » – est une vraie qualité, si l'on sait l'utiliser avec parcimonie : cela permet de se servir du nom des autres pour montrer sa propre supériorité… tout en rabaissant plus ou moins subtilement son interlocuteur. Celui qui connaît tout le monde n'a pas besoin de le crier sur tous les toits et de le prouver sans cesse sans qu'on lui demande quoi que ce soit… Connaître par cœur l'organigramme et le jeu mystérieux des relations internes est une chose. S'en targuer en est une autre. C'est ce détail qui va fortement influencer ce que les autres vont penser de vous… Le *name-dropping* consiste à se servir de la magie qui émane du nom de célébrités pour asseoir sa propre supériorité tout en amenant son voisin à prendre conscience de la terne existence qu'il mène.

Le discret

« *La discrétion a ses mérites mais à trop forte dose elle peut être fatale* », estime l'écrivain américain Paul Auster. Avant d'être fatale, elle est d'abord maladive. La discrétion, dans l'entreprise, n'en est pas moins une inestimable qualité : le collègue discret, pour des raisons évidentes, n'agace pas ses camarades puisqu'il fait très peu de bruit. Et Dieu sait que dans l'open space, c'est un détail qui compte... C'est si appréciable, quelqu'un qui laisse respirer les autres. Le discret n'est pas insociable. Il est bon public, conciliant, parfois drôle. Il ne prend jamais la parole à mauvais escient. Seulement lorsqu'on le sollicite et jamais pour concentrer l'attention sur lui... Humblement, il laisse la lumière aux autres. Le discret sait se faire entendre lorsqu'il a des messages à faire passer... Et cette parole rare est un atout : s'il décide de s'exprimer, c'est forcément que le sujet est d'importance ! Il serait exagéré d'assurer que la parole des discrets est d'or... À l'instar des autres, certains discrets parlent aussi pour ne rien dire ! En revanche, on peut affirmer que le fait de

A parler peu focalise l'attention dès que l'on s'exprime. A fortiori si la prise de parole est préparée, percutante. Un discret qui a de l'éloquence et de la repartie, quelle puissance ! Pour revenir à Paul Auster, il est vrai que la qualité de notre discret est aussi son principal défaut. Pour éviter de tomber du côté obscur de la force, il ne doit jamais se laisser dépasser par cette tendance à « laisser dire » quoi qu'il arrive... Et, a contrario, se servir de son sens de la réserve pour se bâtir un caractère ! Sans toutefois tomber dans l'extrême inverse : un discret naturel qui se transforme sans crier gare en individu colérique et péremptoire n'a jamais fait l'unanimité non plus...

Le workaholic

Qu'il est complexe, pour certains de nos semblables, de quitter le bureau, de s'arracher de leur ordinateur à des horaires acceptables. Qu'il est grisant, pour ces collègues zélés, d'être les derniers à quitter l'open space, à éteindre la lampe et à plonger les lieux dans les ténèbres. Cet adepte du présentéisme ne quitte jamais vraiment l'entreprise, même lorsqu'il en franchit le seuil ! Il s'en va smartphone en main, épluchant sa boîte aux lettres. Si jamais vous lui envoyez un courriel après 18 h 30, il s'empresse de répondre, histoire de montrer que lui aussi est bien là. Le workaholic est si zélé qu'il est capable de prendre des nouvelles pendant une absence pour cause de RTT ou de congés payés. Il est si simple de passer un petit coup de fil ou d'envoyer un texto pour s'assurer que « tout va bien ». Les prétextes ne manquent pas ! « Dis donc, tu avais bien reçu le mail de Françoise ? Désolé, je suis en congé mais je viens de m'en souvenir ! » S'il y avait urgence, on comprendrait. Pourquoi pas, pour de « vraies » urgences. Il s'agit là des premières atteintes du mal... Les Bronzés vous ont fait rire ? Voici les Timbrés, ceux qui n'ont pas le temps de faire du ski ou d'aller à la plage. Ils sont tellement déboussolés hors de l'open space qu'ils saisissent la moindre excuse pour y revenir, que ce soit le week-end ou pendant leurs vacances ! On sait alors que la maladie s'est installée. Elle en est à un stade avancé lorsque le workaholic ne prévient même plus qu'il est en vacances ou en RTT. Il peut ainsi venir au bureau impunément... Vacances, jours de congé, RTT... Pour lui, ce sont des gros mots. À l'instar de la retraite qui risque de le laisser désemparé. À moins qu'il ne s'arrange pour hanter l'entreprise jusqu'à un âge avancé.

Le menteur

« *Quand on a découvert qu'un ami est menteur, de lui tout sonne faux alors, même ses vérités.* » Cette analyse remarquablement pertinente est aussi une tirade de la pièce *La guerre de Troie n'aura pas lieu*, de Jean Giraudoux. La vie de bureau n'a aucun rapport avec la guerre de Troie. En revanche, on peut tout à fait remplacer « ami » par « collègue » dans cette citation. Le mensonge, au bureau, est impardonnable et peut mettre en péril une réputation. Dès lors que le menteur de l'open space s'est fait démasquer, il a donné naissance à une réputation irrévocable. Et il aura beau tout faire pour tenter de se faire pardonner et redorer son blason, c'est le mensonge qui le catégorisera… D'autant que le mensonge est une matière première du ragot corporate. Les pipelettes et autres concierges du bureau peuvent s'en donner à cœur joie. D'ailleurs, peu importe le caractère du mensonge en question : qu'il soit scandaleux, outrancier, anecdotique ou vulgaire. Qu'il concerne directement des collègues ou qu'il soit totalement inoffensif : si le premier cas peut être terrible et générer un licenciement pour faute professionnelle grave, le second peut couvrir de ridicule. Les petits mensonges sans intérêt, pour le simple plaisir de mentir, révèlent que le menteur

l'est par essence. Et qu'à ce titre, il est impossible de lui faire confiance. Il arrive aussi qu'en entreprise on mente de façon défensive pour éviter d'être jugé, pour masquer des incompétences ou des impostures. Il suffit de lire les mensonges sur un CV ; surjouer un hobby pour flatter le recruteur, passe encore. Mais inventer de toutes pièces des diplômes ou des expériences professionnelles, cela ne va pas du tout… Le menteur a également un incroyable talent : il est impossible de la lui faire à l'envers ! Il a du flair pour repérer ses semblables. L'écrivain George Bernard Shaw le résume parfaitement : « *Le châtiment d'un menteur n'est pas qu'on ne le croit pas, c'est qu'il ne peut croire personne.* » Le menteur ou la menteuse du bureau n'est évidemment pas reconnaissable à son physique. Ni à sa langue bien pendue : les menteurs discrets sont les plus redoutables. Mais dès qu'il est démasqué, c'en est fini de lui dans l'entreprise. La confiance ne renaîtra plus. Seule solution : changer d'entreprise… En priant pour que personne ne fasse écho de cette mauvaise réputation !

Le caméléon

Dans la série « les animaux du bureau », voici le caméléon. Parmi les quelque 200 espèces de Caméléonidés qui existent sur terre, il en est une très bien acclimatée à la vie de bureau. Les caméléons sont fort nombreux, selon une étude indépendante que j'ai menée personnellement dans l'open space : 10 % de mes collègues appartiennent à cette famille. C'est beaucoup. Sur ces 10 %, la moitié sont caméléons à leur insu, sans en avoir conscience. Les 5 % restants sont de vrais professionnels : ils ont ce don très particulier de pouvoir se glisser, se mouler, s'adapter à n'importe quelle situation et interagir avec n'importe qui. Le caméléon peut se comporter avec autant d'aisance et de détachement avec quelqu'un rencontré il y a cinq minutes à peine que s'il conversait avec ses propres parents. Don ou talent, il se cultive et se perfectionne. Le caméléon a besoin de se nourrir sans cesse de codes sociaux, de comportements, de tics de langage, de manies et de vices qu'il glane dans son entourage. C'est un animal social hypermnésique qui n'oublie rien. En langage sémiologique, on peut dire que le caméléon est un aspirateur à signes ! À l'instar de l'animal – le vrai, cette fois – qui peut changer de couleur selon son environnement, l'être humain doit développer une fine connaissance des caractères qui peuplent son écosystème professionnel. Dans le huis clos de l'ascenseur, le caméléon est capable de changer son timbre de voix, son sourire et son champ lexical selon qu'il croise le P-DG, le personnel de ménage ou un salarié de l'entreprise ! Pour cette raison, les caméléons font d'excellents commerciaux, capables de s'adapter sans cesse à leurs clients. Mais quelle est la vraie couleur du caméléon d'open space ? Le dessinateur et écrivain François Cavanna avait esquissé une réponse : *« Le caméléon n'a la couleur du caméléon que lorsqu'il est posé sur un autre caméléon. »* À méditer…

L'électron libre

Lorsqu'on évoque l'entreprise et la vie de bureau, la notion de « liberté » est très galvaudée. Reporting, deadline, réunions interminables et autres rendez-vous sont tant de nécessités professionnelles qu'il s'agit d'honorer sans sourciller et avec le plus de bienveillance possible ! Pour le reste, tout dépend énormément du management et de l'entourage professionnel : un chef autoritaire, voire tyrannique, flic et orgueilleux ne laisse aucune place aux notions d'autonomie et de liberté. Une ambiance de bureau concurrentielle, avec des collègues obnubilés par la performance et en comparaison permanente avec les autres est également nuisible. Il suffit d'ailleurs d'un individu pour semer la zizanie… Au bureau, il existe un profil de camarade qui agace autant qu'il inspire, qui est détesté autant que jalousé : l'électron libre. Qui est-il exactement ? C'est un collaborateur que l'on peut difficilement placer dans une case, où qualifier simplement par un intitulé de poste. Il est tout aussi complexe de lui accoler une

équipe ou un groupe clairement identifiés. L'électron libre brouille les pistes : il aime être un peu partout. Ce n'est pas un mauvais bougre : créatif, sociable, bon camarade, il a simplement la bougeotte, et sait être – selon l'expression consacrée – force de proposition. Et s'il parvient à être électron libre, c'est que, fort souvent, ses idées font mouche. D'autant plus qu'il aime son entreprise, et que ses initiatives vont très régulièrement dans le sens du vent. Dans une entreprise, un électron libre est rarement un dissident !

Le grand défaut de notre énergumène est d'être trop « touche-à-tout » : il a bien du mal à avoir le sens des priorités. La notion d'urgence lui est tout à fait étrangère, ce qui fait de lui un collègue peu stressé. Et un collègue peu stressé, c'est un collègue qui réconforte… ou qui énerve ! L'électron libre inspire à ses camarades un flot d'émotions contraires. À l'instar d'un Gaston Lagaffe, véritable égérie de la vie de bureau : à la fois tire-au-flanc, acharné, attachant… et profondément libre. Pour le meilleur et pour le pire !

Le mime

C'est un phénomène naturel : dans un cercle de discussion ou lors d'une interaction avec une autre personne, nous avons une tendance à nous adonner au mimétisme. Il suffit que notre interlocuteur croise les jambes ou les bras pour que nous en fassions de même dix secondes plus tard, sans même nous en rendre compte. Idem pour notre façon de parler : mots, intonations, tics de langage, manies. Nous sommes de véritables éponges. Dans l'écriture d'un e-mail ou une conversation par SMS aussi, la ponctuation, les émojis et le choix des tournures de phrase dépendent de celui avec qui nous interagissons ! La plupart du temps, ce mimétisme n'est pas volontaire… Mais au bureau, il est un camarade chez qui l'acte de mimer est une stratégie de séduction. C'est une performance digne d'un Nicolas Canteloup corporate. Le meilleur mime du bureau est capable d'imiter la démarche de n'importe quel collaborateur. De prendre la même voix que lui et de recopier la moindre de ses réactions. Si, à l'instar de l'imitateur sus-cité, cela peut provoquer des rires chez ses camarades, ce talent lui permet aussi d'être « bien vu » par les gens qui comptent davantage que lui au bureau. Le biais est fort connu et reconnu par la science : sans s'en rendre compte, l'être humain a une fâcheuse tendance à faire plus facilement confiance et à aimer ce qui lui ressemble. Et pas simplement physiquement : dans la façon de raisonner, de réagir dans différentes situations, et de s'exprimer en société. En réunion, le mime est une véritable star, le parfait sosie de celui qui anime la réunion : il suffit que ce dernier acquiesce ou dodeline de la tête pour que dans la seconde qui suit, le mime accompagne son geste. Lorsqu'il intervient, il est également capable d'agir exactement comme le ferait son chef et de s'exprimer au mot près comme il le ferait. Le mime exaspère ses camarades autant qu'il les amuse. L'entretien d'embauche est un excellent moment pour savoir si vous avez un mime en face de vous : si le moment se passe exactement comme vous le souhaitiez, sans la moindre surprise, et que le candidat coche absolument toutes les cases que vous aviez prévues – consciemment ou non ! – c'est qu'il y a anguille sous roche…

Le passionné

Nous avons parfois peine à y croire : dans l'open space, il y a toujours un camarade qui est plus heureux que nous. Plus enthousiaste aussi, et volontaire. Voire franchement passionné. C'est même cet adjectif qui décrit le mieux ce collègue que personne n'a jamais vu rechigner, ni protester contre la moindre décision, ou se plaindre d'une surcharge de travail. La moindre mission qui lui est confiée est un plaisir qu'il ne feint même pas de bouder ! Il aime son travail, ses collègues, la raison d'être – factice ou pas – de son entreprise. Bref, ce collègue passionné est le meilleur catalyseur et le meilleur espoir que l'on puisse avoir dans une équipe. Vous avez un petit coup de mou ? Lorgnez le bureau d'à côté : lui est absolument ravi. Vous avez trop de travail ? Lui – ou elle d'ailleurs – en a infiniment plus, vous le savez. Il n'est jamais à une ou deux heures sup' près. En réunion, son implication vous méduse : le moindre sujet est une révélation et la moindre idée mise sur la table est matière à réflexion. Le passionné est aussi un bon élève : il note tout. Évidemment,

il garde tout. Son bureau est aussi un lieu d'archivage de documents. Il est capable de se pâmer – serait-ce le syndrome de Stendhal ? – à la vue d'un document Excel. Il est capable d'envolées lyriques en faisant une présentation PowerPoint. Lorsqu'il parle de son travail, on l'écoute et on a souvent envie d'y croire. On a même envie de le suivre. Mais un tel enthousiasme est si rare au bureau que, souvent, un doute s'immisce dans notre esprit… Fait-il exprès ? Force-t-il le trait ? « *Est-ce que ce monde est sérieux ?* », s'interrogeait Francis Cabrel dans sa chanson *La Corrida*. Le passionné de l'open space l'est-il ? Ou en fait-il des tonnes par cynisme ou par coquetterie, pour feindre de vivre dans le meilleur des mondes ? C'est comme si sa présence à ce poste et dans ce bureau était tout ce qu'il attendait depuis des décennies ! Quoi qu'il en soit, le passionné ne laisse personne indifférent : on se demande quel est son secret pour être si optimiste et si facile à vivre. Par définition, il ne montre jamais ses faiblesses. Il a toujours le sourire aux lèvres. Il prend ce qu'on lui donne, sans rechigner. Dans *L'Art poétique*, Boileau écrit : « *Chaque passion parle un différent langage.* » Dans le cas de la vie corporate, on peut le croire sur parole…

Celui qui est toujours en avance

Le temps, c'est de l'argent. Si l'adage dit vrai, il est temps de remettre les pendules à l'heure avec certains camarades : ceux qui ne se contentent pas d'arriver à l'heure – ce qui est la meilleure façon d'honorer une réunion ou un rendez-vous – mais qui arrivent systématiquement en avance. Quinze à vingt minutes avant l'heure prévue. Un motif d'agacement aux multiples facettes, a fortiori si le contre-retardataire manifeste son arrivée ou sa disponibilité. Exemple de SMS typique de l'individu concerné : « Bonjour, je suis à l'accueil. » Certes. Un coup d'œil sur votre montre et vous constatez qu'il a vingt et une minutes d'avance. Angoisse. Tout dépend ensuite de la nature et du rapport de force qui existe entre les participants au rendez-vous. Si l'individu en avance est un jeune diplômé, bien élevé, stressé, qui a préféré prendre un confort horaire pour être certain d'arriver à l'heure, il y a peu de chances qu'il commette l'erreur de se manifester avant l'heure dite... En revanche, si le négligent est aussi un « puissant », c'est une autre histoire. Que faire ? Le laisser attendre par fierté, au risque de compromettre un contrat ou une relation professionnelle ? Ou bien ravaler sa fierté et cacher son agacement et le recevoir toutes affaires cessantes, en feignant l'indifférence : « Mais voyons, aucun problème, je vous attendais. » Au fond, qu'y a-t-il de pire ? Un retardataire chronique en qui on ne peut avoir aucune confiance, ou un individu à l'excès inverse qui se permet de bousculer votre emploi du temps ? Tout dépend in fine des relations que nous avons avec lui. Si vous êtes manager et qu'un de vos collaborateurs arrive chaque jour avec une heure d'avance, vous n'allez pas le renvoyer chez lui. À l'inverse, si votre nouveau stagiaire est un habitué de la panne de réveil ou de l'incapacité à respecter un délai dont il connaît la teneur depuis trois semaines, il s'agira de faire un peu de pédagogie. Toujours en bonne intelligence, évidemment.

Le toutologue

L'ultracrépidarianisme, cela évoque-t-il quelque chose pour vous ? Probablement pas. À moins que vous ne soyez fasciné par ces mots complexes et rares, par ces cuistreries linguistiques ! Ce mot concerne pourtant une population que nous connaissons tous et qui ne laisse jamais indifférent : les toutologues, encore plus connus sous le nom de Monsieur – ou Madame – Je-Sais-Tout. Ceux dont la confiance en eux est telle qu'ils sont capables de se poser en experts dans tous les domaines. A fortiori dans ceux qu'ils ne maîtrisent pas ! La crise sanitaire et le fait que chacun donne son avis à tort et à travers a montré que ces profils sont partout dans notre société, et pas seulement aux comptoirs de bistrots… Ils sont aussi très présents dans les couloirs de nos bureaux ! Le collègue toutologue est un grand bavard. Dans une conversation, il a toujours une anecdote qui vient supplanter la précédente, que ce soit pour donner du crédit à ce qui vient d'être dit ou au contraire pour en montrer l'absurdité. Il aime prendre

RÉPONSE
À TOUT

parti. Avoir une opinion claire et affirmée ! Le toutologue n'est jamais le Suisse d'une conversation, préférant toujours un extrême discutable plutôt que se taire ou tempérer les propos. Ce collègue est épuisant car ses envolées lyriques – souvent longues – ont peu d'intérêt. En réunion, il est capable de parler pendant quinze minutes sans que personne arrive à lui couper la parole. Susceptible, le toutologue accepte mal qu'on puisse être en désaccord avec lui. Si vous osez émettre une opinion contraire à la sienne, vous endurerez quinze minutes supplémentaires de conversation stérile… En matière de ressources humaines et de choix de carrière, notre camarade toutologue est une vraie girouette. Selon une étude que j'ai méticuleusement menée, il reste assis vingt-trois minutes par jour à sa chaise de bureau. Il met un point d'honneur à ne JAMAIS se contenter de ne faire que son travail. Il adore se mêler de celui des autres. Il est d'ailleurs convaincu qu'il bosse mieux que vous. C'est une sorte de *slasheur* – personne qui cumule plusieurs jobs – interne. On le voit souvent à des étages où il n'a rien à faire, parlant à des collaborateurs qui ne sont pas ses collègues et qu'il abreuve jusqu'à plus soif de conseils et d'observations de son cru.

Le cycliste

Il a fière allure, le cycliste du bureau. Parlons-en d'ailleurs au pluriel, car ils sont de plus en plus nombreux. Ils se baladent dans les couloirs avec leur casque – les modèles à la mode sont les fameux Kask – et parlent entre eux des meilleurs modèles d'antivols et des pistes cyclables flambant neuves. Au bureau, ce sont des activistes : ils militent sans cesse pour l'ouverture d'un local à vélos plus grand, avec des gonfleurs ou des chargeurs de batteries. Les cyclistes sont des jusqu'au-boutistes : cela fait longtemps qu'ils ne prennent plus les transports en commun. Ils se moquent de leurs camarades qui osent encore, en 2021, venir au bureau en voiture… Le cycliste est fier de son mode de vie vert, exemplaire et responsable. Les vélotafeurs – c'est leur nom – sont déjà l'objet de plusieurs livres. Au bureau, ils se comprennent, se saluent. Ils ont les mêmes opinions en matière d'urbanisme. Plus il y a de pistes cyclables, plus ils sont contents. Plus ils voient les pauvres automobilistes coincés dans les bouchons, plus ils sont ravis ! Doubler une vingtaine de voitures par la droite leur procure une joie qu'ils ne tentent même pas de dissimuler. Le vélotafeur, quelle que soit sa génération (Y, Z, ou plus senior), a une devise : Jamais Ne Met Pied à Terre. Selon une étude que j'ai méticuleusement menée, un cycliste grille en moyenne 17 feux rouges sur un trajet maison-bureau d'une durée de vingt-cinq minutes. Ce sont des individus à part : le Code de la route ne les concerne pas. Ils sont au-dessus des lois. Au bureau, c'est une population qui peut agacer les autres : certains nourrissent même une haine profonde des cyclistes, ces malappris qui se croient tout permis et qui sont de vrais dangers publics ! À l'instar des opinions politiques, c'est un sujet de société très sérieux qui peut provoquer des tensions. À aborder avec prudence et modération... Le comble pour un vélotafeur : écraser un collègue qui, dans son bon droit, traverse sur un passage piéton quand le feu est rouge pour les deux et quatre-roues. Ou heurter le rétroviseur de la voiture du directeur général de la boîte. À ses risques et périls...

Le brasseur de vent

Le courant d'air corporate est un cliché très répandu. Et la climatisation d'une salle de réunion remplace à merveille quelques fenêtres ouvertes puisque dans ce cas précis, le vent souffle de la bouche de certains camarades… Des camarades qui ont cette particularité étonnante : chaque phrase, intervention ou réponse à une question sensée n'a aucune espèce d'intérêt. Chacune des prises de parole du brasseur de vent est d'une vacuité abyssale. Elle ne sert strictement à rien. Elle est totalement à côté de la plaque. Pis encore : la plupart du temps, elle dure longtemps. Le public n'effraie pas notre camarade qui pourrait faire tourner à lui tout seul une éolienne. Au contraire, cela le galvanise. Il est capable d'en faire des tonnes sur un sujet dont il se moque et sur lequel il n'a strictement rien à dire. Selon des calculs

très personnels et totalement intuitifs, un brasseur de vent, dans son élément professionnel, ne prononce que 10 phrases utiles et « impactantes » par mois. Et, bien souvent, il s'agit de formules de salutations très convenues : « Hello » ou « À bientôt ». Certains y verront une raison d'être rassuré… D'autres trouveront ça choquant. Mais c'est ainsi. Notre ami, dans ses indéniables qualités pour ne rien dire, est aussi un formidable chipoteur. Par échange écrit – a fortiori par e-mail –, il est redoutable : il fait exprès de trouver des critiques et commentaires par principe, et précisément pour masquer une cruelle évidence professionnelle. En milieu professionnel, le brasseur de vent est une coquille vide d'idées. Il n'a rien à dire, ni rien à apprendre à quiconque. S'il doit rendre des comptes, c'est à l'insu de son plein gré et cela tient lieu à l'absurdité de certains organigrammes… Reconnaître un brasseur de vent parmi ses collègues est d'une facilité déconcertante. Le phénomène est tellement évident que lorsqu'il parle en public, les spectateurs se regardent entre eux, afin de s'assurer qu'ils entendent bien la même chose. L'individu n'est néanmoins point détestable. Au contraire : souvent, ce type de comportement est attachant, à l'instar de tous nos collègues qui ont des comportements si singuliers que l'on peine à les imiter…

L'observateur physionomiste

Mot de la fin

Si vous êtes parvenu jusqu'à cette page, c'est sans doute que vous avez été captivé par mes portraits de collègues, ces caractères de la vie de bureau aux personnalités affirmées. J'ajoute que cette liste est non exhaustive, et que certains auront été surpris de ne pas y lire un portrait de collègue qu'ils jugeaient pourtant évident. Je m'en excuse. Mais c'est aussi ce qui fait la magie du théâtre de la vie de bureau : les pièces qui s'y déroulent sans cesse sont d'une richesse inépuisable.

Merci infiniment de m'avoir lu.

Table des matières

CV
DRH

Glossaire

CEO : Chief Executive Officer, anglicisme employé pour désigner le P-DG d'une entreprise

CPO : *Chief Product Officer*, anglicisme employé pour désigner le chef de produit d'une entreprise

CV : Curriculum vitæ

DG : Directeur général

DRH : Directeur des Ressources humaines

DSI : Directeur des systèmes d'information (ou responsable informatique)

ETI : Entreprise de taille intermédiaire

G. O. : Gentil Organisateur (on doit ce terme au Club Med, grande entreprise française d'organisation de séjours de vacances)

N+1 : Supérieur hiérarchique direct

P-DG : Président directeur général

PME : Petite et moyenne entreprise (entreprise de moins de 250 personnes)

RH : Directeur des Ressources humaines

RSE : Responsabilité sociétale des entreprises (la contribution des entreprises aux questions sociales, sociétales et environnementales)

RTT : Temps alloué pour la Réduction du temps de travail liée à la semaine de 35 heures

Sources

p. 34-35 : *Guerre et plaies*, Hervé Le Tellier, illustrations Xavier Gorce, éditions EDEN, 2003.

p. 44 : *La Fontaine : Une école buissonnière*, Erik Orsenna, éditions Stock, 2017.

p. 161 : *La chambre dérobée*, Paul Auster, éditions Actes Sud, 1988. Traduction de Pierre Furlan.

p. 167 : *La guerre de Troie n'aura pas lieu*, Jean Giraudoux, éditions Grasset, 1935.

Remerciements

Mille mercis à Jean et à Frédérique, mes deux camarades pour cet ouvrage ! Les histoires de collègues – qui se transforment parfois en belles amitiés – débutent dès les bancs de l'école. Aussi Romain, Julien ou Clarisse, qui furent mes collègues de petite section, ne seront pas étonnés de lire ces lignes. Ensuite, pêle-mêle, du collège au bureau : Adrien, Mathieu, Louise, Chloé, Charlotte, François, Eugénie, Vincent, Benjamin, Arthur, Édouard, Xavier, Mathilde, Jim, Paul, Étienne, pour ceux que j'apprécie ou que j'ai appréciés. Vous tous m'avez inspiré, d'une façon ou d'une autre, pour écrire ce livre. Merci également aux collègues que je n'ai pas appréciés – que je ne citerai pas !

Quentin

Merci à Philippe, Philippe, Philippe, Alain, Meyer, Éloi, Bernard, Olivier, Serge, Alain, Emmanuel, Vincent, Pierre, Francis, François, Michel, Jacques, Marc, Antoine, Gilles, Nicolas, Fernand, Monique, Lise, Daba, Sophie, Michèle, Frédérique, Florence, Anna, Valérie, Sandrine, Bénédicte, Laurence, Fabienne et Mélissa.

Jean

NE PAS DÉRANGER
HIN

Conception graphique : Corinne Liger, Le Studio PDE
Fabrication : Sophie Farhi

Achevé d'imprimer par EGEDSA (Espagne) en décembre 2023.
ISBN : 978-2-258-20777-6
Dépôt légal : janvier 2024